奄美からのムー再誕

Tadashi Ma
松久
88次元 Fa-A ドク

ヒカルランド

第6代ムー王朝の弥勒トライアルは、
最初は長く続かなかった。
続かなかった理由は、
太陽と月がウソの姿になってしまったからです。
だから、エジプト以来のアトランティス系の
エネルギーが世界を占めているのです。
弥勒の世の逆になってしまった。

どちらかというと太陽はポジティブになり、
月はネガティブになる。
善と悪ではなくて、太陽は華やか、活動的、激しい。
月は穏やか、優しい。
全く逆のエネルギーを持っているのです。
だから、こと座でいうと、ベガ星文明とこと座文明が
争ってきたようなことがある。

第6代ムー王朝の当時は、
こと座においてこと座文明とベガ星文明が
最高潮になっていて、争っていました。
陽であったこと座文明と、
陰であったベガ星文明が完全に対立してきた。
そこでベガは第6代ムー王朝をつくったのですが、
やっぱりそこにはこと座文明の邪魔が入った。

カバーデザイン　重原隆
編集協力　宮田速記
校正　麦秋アートセンター
本文仮名書体　文麗仮名（キャップス）

まえがき

本書は、ドクタードルフィン 松久 正と奄美大島エネルギー開きツアー2021年（4／20～4／24の5日間）一行の皆さんが、ツアーの中で体験した〝喜び〟と〝感動〟を、その奇跡とともにお伝えするものです。

5日間の中日である3日間の朝夕に行われたモーニングスクール3回とイブニングスクール3回をリアルに再現しています。

リトリートは〝楽しむ〟が目的となりますので、笑いのための面白表現も修正せずに、そのままに載せています。それにより、より現場のエネルギーを強力に感じていただけると思います。

ドクタードルフィン 松久 正は、ここ数年にわたり地球社会の次元上昇を目指して、国内・海外のエネルギー開きをしています。

本書の内容は、世界の弥勒化（個の強化・独立と融合）に向け、ベガエネルギーのサポートのもと、第6代ムー王朝を再興させ、レムリアの世を築くための鍵となる奄美大島のエネルギーを開いた、「宇宙史に残る1ページ」となる大奇跡の全貌です。

ドクタードルフィン 松久 正のエネルギー開きリトリートツアーではいつも、直前またはスタート日に大型台風がツアー地に向かってきます。

エネルギー開きを阻止しようとするエネルギーが、いまだにあるようです。

しかし、毎回、まさに上陸手前で、大きくそれていきます。それは、大宇宙がドクタードルフィンをサポートしている証拠なのです。

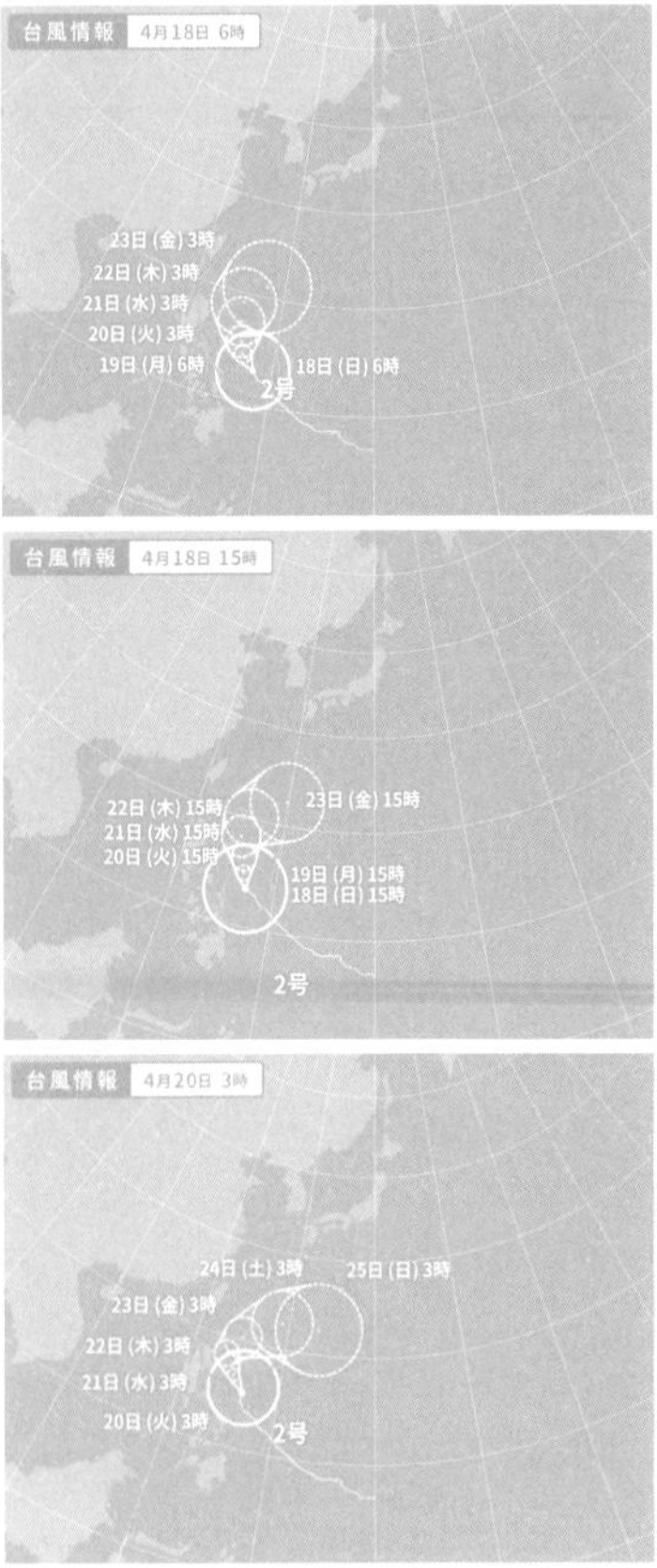

台風２号の進路図

目次

Section I

あなたは次元上昇します！

Section Ⅱ

ベガのエネルギーの祝福と予言されていた奇跡

Section Ⅲ

ベガ星人、リラ星のレベルへと向かう人間になる！

Section Ⅳ

第6代ムー王朝の聖地にて

Section V

聖なる旅の目的、成就へ！

Section Ⅵ

23のエンジェルナンバー

Section Ⅶ

アセンションと紫の光

Section Ⅷ

ベガ星と映画「コンタクト」

Section I

あなたは次元上昇します!

ドクタードルフィン
奄美からのムー再誕
モーニングスクール
―スーパー合宿スクール・リトリート―
(2021年4月21日)

Chapter 1

節田立神開きとリゾートホテルでのハプニング

昨日のリトリート一日目は、ナビゲーターである奄美在住のＲＩＥさんの導きで、奄美のパワースポットである節田立神《せったたちがみ》で、第６代ムー王朝を覚醒、再誕させるための前準備として、そこをエネルギー開きしました。

非常に気持ちよい朝を迎えました。プライベートビーチで、こんなきれいなところに人が一人もいない。

奇跡の環境ですね、おいしくブレックファストをいただいた。

昨日、皆さんと一緒に体験した「節田の立神さん《せったのたちがみさん》」は、神様が降りられる岩、磐座《いわくら》とされていて、そこで私がエネルギー開きをしました。

そのときの私の写真を送ってくれた人が何人かいますが、グリーンのレインボーが出て、１枚だけ虹色のレインボーが出たのです。

あと、ＵＦＯが４機出ました。（Ｐ93）

グリーンレインボーが出現
節田立神で、ムー王朝エネルギー再誕のためのエネルギー開きを行う。
私ドクタードルフィンの横にいるのは、今回のリトリートのナビゲーターである奄美在住の RIE さん

実は私は、昨日の時点ではあまりしっかりとリーディングできていなかったのです。きょうの朝ひらめいて、今までの謎が全部解けました。

今朝、私は大変な目に遭《あ》いました。

朝5時半ぐらいに起きて、歯を磨いて口をゆすごうと思って、最初、水は出ていたけれども、だんだんチョロチョロとしか出なくなった。

そのうち、おなかの調子が狂ってきて、水が流れないとなると困ったと焦りました。

コンシェルジュに電話しても、10分、15分、全く出ないのです。

リトリート事務局に電話したら、まさに寝ぼけ声で「先生、どうしましたか」と。

「大変なんだよ。水が出なくて、今おなかが限界で」と言ったら、「困りましたね」と、全然対処できない状態だった。

その後、やっとフロントにつながって、「すぐ調べますから」と。

調べたら、全館が止まっていた。

「外にトイレがありますから」と言うので、部屋と同じレベルのトイレがあるのかと思って階段を降りたら、古ぼけて汚い、普通だったら絶対入らないだろうなというトイレで、衛生的でない。

鍵も閉まらない。ドアも完全には閉まらない。

人が来たら、「入っています！　I am here.」と叫ぼうかと思ったけど、誰も来なかった。（笑）

そこは最初は水が出ますと言われて、私が用をし始めるときは出たんだけれども、終わるころには全く出ない。

後はどうしたかは、大塚さん（旅行業者の添乗員）に聞いて。大塚さんに大変なお仕事をしてもらった。

それは朝食前には言えなかったから、食事を終えて堂々と言える。

朝から大変な目に遭ったのよ。

どうやら水道の元栓が締まっていた。

高次元の操作で元栓を締めちゃうのね。

昨日、私たちがエネルギーを開いたから、何か意味があったのです。

元栓を締めたというのは、私をあそこのトイレに行かせたかったのです。

ここは天国、向こうは地獄。

天国と地獄。月と太陽。

朝早くから両極端の世界を体験しました。

ホテルでトイレをするなんて、何て幸せなんだろう。

私がこの海岸の風景を見ていて、降りてきたことがあります。

映画「コンタクト」の最後の場面で、ブラックホールに吸い込まれて、地球時間の1秒間、向こうの18時間の中で、ジョディ・フォスターがパッとこの砂浜に急に出現したのです。

その景色そのままだということを私は思い出しました。

やっぱり人間は反対側も知っていないと本当の幸福がわからない。トイレでしみじみ思いました。

この浜辺（宿泊のリゾートホテル前の砂浜）は映画「コンタクト」のシーンそのまま！

きょう、私がこの海岸の風景を見ていて、降りてきたことがあります。

ジョディ・フォスター主演の映画「コンタクト」の最後の場面で、ブラックホールに吸い込まれて、地球時間の1秒間、向こうの18時間の中で、ジョディ・フォスターがパッとこの砂浜に急に出現したのです。

その景色そのままだということを私は思い出しました。

砂浜の右側のほうから光が走ってきて、だんだん人間の形になってきて、彼女のお父さんに化けたベガ星人が娘にいろいろ語って、娘を癒《いや》して無事に地球に帰すわけです。

あの映画は、ベガ星人がここを舞台にしてつくらせた映画です。

ベガへの移動装置の打ち上げを1回目はアメリカで失敗して、2回目は北海道で打ち上げている。

北海道の大地が必要だったのです。

娘がベガで見た風景は、ベガ星人が娘の記憶を読んで、プリントして、ベガ星につくり出した地球の環境でした。

作品の中で、ジョディ・フォスター演じる主人公はびっくりしていました。

私には、実はベガ星のパラレル過去生があることに、きょう初めて気づきました。

映画で見た父親のベガ星人が私です。

私がここの砂浜を走っているのです。

だから、ここに来させられたのです。

私はそのときベガ星で何をやっていたかというと、宇宙の他の星たちの進化を担う部署の地球担当のリーダーでした。

私はリーチャという名前で、あの当時、あの映画をつくらせたのですが、ちょっと早かった。

昨日、アルクトゥルスのUFOと言いましたが、あれはベガのUFOでした。

昨日は正しく読まなかったのですが、ベガのエネルギーで読んだらすごくわかりました。

グリーンがかっていたレインボーはベガのレインボーです。1枚だけ、虹色のレインボーがかかっている写真（P18）がありましたが、あれはアルクトゥルスのレインボーです。

私たちは今、まさに奇跡の体験をしているわけです。

ここで「コンタクト」の上映会をしたら、皆さんは腰を抜かすと思います。

まさにこの土地です。私が向こうから走ってくる。

この景色をメモリーして、プリントして、私、リーチャがベガ星につくり出したわけです。

それですごくなつかしかった。

そのリーチャをあんなトイレに行かせるなんて（笑）、地球はきついなと思った。

でも、それも天の意向です。

ベガ星は、陰と陽を体験する星です。

もともとは、ベガ星は、こと座の中にありましたが、分離してしまいました。

こと座の中でも、ベガ星だけは独立した個の文明を持っていました。こと座の文明を陽とすると、ベガ星はどちらかというと陰の文明です。

お互いがお互いを認め合わない。

対立して主張するのです。トランプ元大統領はベガ星出身です。

今のバイデン大統領はこと座文明の出身です。

ベガ星の宇宙叡智はダントツに高い。

愛と叡智がすごかった。

だから、地球をずっと応援してきた。

今、ベガ星の宇宙人は地球にいっぱい来ていて、知らないところでサポートしていベガ星の宇宙叡智はダントツに高い。

愛と知性がすごかった。

だから、地球をずっと応援してきた。

今、ベガ星の宇宙人は地球にいっぱい来ていて、知らないところでサポートしています。

ます。

私たちは、出迎えられた昨日から、ベガのサポートを強力に得ているのです。

地球の勢力は、ベガが目覚めることが怖いので、それを潰してやろうと今回の台風2号をよこしたわけです。

最大時880ヘクトパスカルの超大型台風ですが、ベガが覚醒すると、その台風もずっと寄ってこれない。

ムー王朝は、第1代から第15代まで全て、ベガの指導とサポートのもと、築かれたことが判明しました。

レムリアはシリウスのサポートのもと、地球に創造された、強烈な愛と調和の王朝だったのですが、それが沈んで、シリウスだけでは地球で愛と調和というのは難しいとなったときに、ベガが地球に相当関与して、ムー王朝を15代にわたり開いた。

最終的にハワイ島の第15代王朝で、やはりもうダメだ、何回開いても地球はネガティブの不安とか、怒りとか、悲しみで染められてしまうということで、結局、プレアデス系アトランティスに乗っ取られてしまったわけです。

そこから分離と争い、力ずくのコントロールによる統合の世界が、つい最近までずっと続いた。

ベガ星はずっと耐えて、あるときが来るのを待っていました。

それこそ旧約聖書のメシアがあらわれる。

そして出口王仁三郎《でぐちおにさぶろう》の一厘《いちりん》の世直しこそが、今、私が言っていることなのです。

彼らは全て私のパラレル過去生です。

このタイミングでベガのサポートが入ることが、どうやら鍵になります。

ベガのサポートが入るには、アルクトゥルスのサポートが入らないといけなかったので、私は四国の唐人駄場《とうじんだば》でアルクトゥルスのサポートを強化するべく、直接の地球への作業を行いました。

これにて準備完了です。

ここへ来て、私はびっくりしましたけれども、映画のシーンそのものです。

その砂浜の真ん中にいきなりジョディ・フォスター演じる主人公がパーンと降ろされて、向こうから光が走ってきたと思ったら、だんだん物質化してきて、光が水晶になって、最後に彼女を見て、物質転換してパパになった。

まさに今、ベガが非常に重要な役割を果たしているということになりそうです。

昨日の４機のＵＦＯ、すごいですね、あんな明確な写真をよく撮ったと思う。

ベガのＵＦＯたちが４機、祝福しに来たのです。

ベガ星はずっと耐えて、あるときが来るのを待っていました。
それこそ旧約聖書のメシアがあらわれる。
そして出口王仁三郎の一厘の世直しこそが、今、私が言っていることなのです。

参加者の皆さんは、ベガ星に選ばれた地球人類でもあるわけで、非常に光栄なことです。

選ばれた理由がもちろんありまして、皆さんは「なぜ私が」と思うけれども、あなたは魂的に選ばれている。

この地球でいろいろ貢献するものがある。

みんなそれぞれベクトルが違い、全く違う役割です。

まさにあなたたちは映画「コンタクト」の主人公ジョディ・フォスターです。

同じ仲間です。

私には、ベガのエネルギーも相当入っているので、地球人にいっぱい教えたかったのです。

だから、こういうふうに連れていって、学ばせるということをたくさんやってきた。

それだけではなくて、実際に地球で教えることもやってきた。

ベガ星の関与はすごく大きい。

海の前につくられたこのホテルは、ベガのエネルギーに包まれている感じがします。

ぜひ映画「コンタクト」は見てもらいたい。

松果体を活性化させる映画のナンバーワンに挙げている映画です。

今回、私たちは、ベガ星へしっかり受け入れられるように、ここへ学びに来たわけです。

参加者の皆さんは、ベガ星に選ばれた地球人類でもあるわけで、非常に光栄なことです。選ばれた理由がもちろんありまして、皆さんは「なぜ私が」と思うけれども、あなたは魂的に選ばれている。

この地球でいろいろ貢献するものがある。

みんなそれぞれベクトルが違い、全く違う役割です。

そういう意味で、非常にすばらしいスタートをきることができた。

きょうは、皆さんはばらばらのアクティビティをやるのですね。

私は、この滞在中、3回、超豪華なエステを入れています。

モミモミ大好きで、地球で生きている一番幸せなご褒美の時間はリラクゼーションです。

きょうは3時間行きます。

何もないところで、どこにも行けないから、せめてエステに行く。

オイルマッサージもあるし、ボディマッサージもあるし、足裏も、タイマッサージも、いろいろ好きです。

そういうのを受けまくります。

私は今回のエネルギー開きリトリートでは、それを結構入れています。

Chapter 3 ニセモノから本来の太陽と月の姿に戻る

昨日は第一段階（節田立神でのセレモニー）で、第6代ムー王朝再誕の準備をしましたが、あれはまだ半覚醒なので、あしたは、皆さんも一緒に行きますが、山の上で太陽と月をひっくり返した後、本覚醒、完全に甦らせます。

そのときに、ベガと完全につながる状態になります。

ひょっとすると、ベガに拉致《らち》されてしまうかもしれない。それはそれで祝福だと思うので、連れられていきなさい。

でも、1秒以下で18時間の体験ができるから、それでもいい。

「天国と地獄～サイコな2人～」というドラマを見ましたか。あれは非常に面白かった。

まだネットで見れると思います。

男女が歩道橋から落ちたときに、衝撃によって入れかわってしまうのです。

ドクタードルフィン in 奄美大島

まさに月と太陽がひっくり返った。

ドラマの最後の舞台は奄美大島です。

私がこのリトリートをやると決めてから、あのドラマが始まって、まさにエネルギーが全部かぶってきている。

奄美大島で男女が入れかわるドラマをやっているわけですね。

私も細かいことは追及しませんでした。

だって、女性と入れかわった男子がお風呂に入ったらヤバイ。

トイレどうするのかなとか、私はいろいろ心配してしまうのですが、ドラマは何の問題もなくスムーズにやっていて、最後はまたもとに戻るのです。

ドラマでは、入れかわっていろいろ学んだわけです。

実は男性は殺人容疑をかけられている。

女性が刑事なのです。

刑事と殺人の容疑者が入れかわって、大変なことになって、ドラマが進んでいくのですが、それによって刑事が犯人の心情や環境を学んだり、犯人は刑事という側面を学んで、自分を振り返ってみるということがあった。

今、月と太陽は入れかわっています。

第6代ムー王朝は、今の地球の時間枠では恐らく7~8万年前の話ですが、時間というのは、地球の次元が変われば物差しが変わってしまうので、今よりももっと長い。私から言わせると70~80万年前の話です。

第6代ムー王朝は、今の地球の時間枠では恐らく7〜8万年前の話ですが、時間というのは、地球の次元が変われば物差しが変わってしまうので、今よりもっと長い。私から言わせると70〜80万年前の話です。

エジプトのギザのピラミッドも、5000年前と言われていますが、私は5万年前と読んでいます。

約10倍のスケールで考えると、今の地球の次元に合ってきます。

何年前と言われたのは次元が低いときで、今、地球の集合意識が上がっているので時間枠が変わって、10倍ぐらいにするとちょうどいいぐらいのリアルになります。

70〜80万年前に第6代ムー王朝のベガのリーチャ、私がリーダーとして地球の愛と調和を進行させないといけないということで、ここに来ました。

第6代ムー王朝のあった場所を、私は今日か明日、見つけると思います。そこを開くことになります。

そのときにベガのエネルギーが、地球を愛と調和に持っていくために発動します。

弥勒の世のトライアルは何回もされてきたのですが、今までは失敗してきました。

今回は成功するであろう本格的なトライアルです。

第6代ムー王朝の弥勒トライアルは、最初は長く続かなかった。続かなかった理由

70~80万年前に第6代ムー王朝のベガのリーチャ、私がリーダーとして地球の愛と調和を進行させないといけないということで、ここに来ました。

第6代ムー王朝のあった場所を、私は今日か明日、見つけると思います。そこを開くことになります。

は、太陽と月がウソの姿になってしまったからです。

第5代までやってきて、ベガは結構いい線まで来ていた。

本格的にレムリアを復活させる手前まで来ていたのですが、第6代で月と太陽がひっくり返ってしまったために、地球のエネルギーがガタ落ちした。

その後、15代まで頑張りますが、結局、完成させられず、プレアデス系のアトランティスに乗っ取られました。

だから、エジプト以来のアトランティス系のエネルギーが世界を占めているのです。

弥勒の世の逆になってしまった。

月と太陽がニセモノになってしまったということで、皆さんが太陽だとすると、月を見ているわけです。

皆さんが月だとすると、太陽を見ている。

本来は両方を持って、両方を生きられればよかったのですが、地球はレベルが低く生きていたから、片方しか生きられないと教えられていて、太陽組か月組か、片方をやらされています。

どちらかというと太陽はポジティブになり、月はネガティブになる。

善と悪ではなくて、太陽は華やか、活動的、激しい。月は穏やか、優しい。

第6代ムー王朝の弥勒トライアルは、最初は長く続かなかった。続かなかった理由は、太陽と月がウソの姿になってしまったからです。

（中略）

だから、エジプト以来のアトランティス系のエネルギーが世界を占めているのです。

弥勒の世の逆になってしまった。

全く逆のエネルギーを持っているのです。

だから、こと座でいうと、ベガ星文明とこと座文明が争ってきたようなところがある。

第6代ムー王朝の当時は、こと座において、こと座文明とベガ星文明が最高潮になっていて、争っていました。

陽であったこと座文明と、陰であったベガ星文明が完全に対立してきた。

そこでベガは地球に第6代ムー王朝をつくったのですが、やっぱりそこにはこと座文明の邪魔が入った。

ベガ星は非常に誠実で、愛と調和の叡智があった。

こと座文明は非常に知識があり、テクノロジーが発達していた。

喜界島で70～80万年前、月と太陽のエネルギーが交流した。

架空の花、シヤカナローの花の種を、月さん、太陽さんのおなかの上にまいた。花が咲いたほうが勝ちで、人気のある太陽になると決めた。結局、太陽のおなかの上で咲いたのですが、朝、太陽はまだ寝ていたのです。

月が早く起きて、太陽のおなかから奪って自分のおなかにつけて、自分のおなかの上に咲いたと嘘をついた。

どちらかというと太陽はポジティブになり、月はネガティブになる。
善と悪ではなくて、太陽は華やか、活動的、激しい。月は穏やか、優しい。
全く逆のエネルギーを持っているのです。
だから、こと座でいうと、ベガ星文明とこと座文明が争ってきたようなところがある。

第6代ムー王朝の当時は、こと座において、こと座文明とベガ星文明が最高潮になっていて、争っていました。

陽であったこと座文明と、陰であったベガ星文明が完全に対立してきた。

そこでベガは第6代ムー王朝をつくったのですが、やっぱりそこにはこと座文明の邪魔が入った。

太陽は奪われたことを知らないので、負けたと思った。

月は偽って勝った。月が太陽になりかわったのです。

ずっと太陽になりたかったのですね。

その当時、月の一番の間違いは、月には月の役割があって、太陽の役割がまさっているわけではない、とわからなかったこと。

つまり、華やかさが全てによいということではないということ。

木花咲耶姫神《このはなさくやひめ》と磐長姫神《いわながひめ》の姉妹は、華やかなのが木花咲耶姫神、太陽です。

磐長姫神はじっと陰にいる。

醜いと言われているけれども、実は見にくい（醜い）、インビジブルでありました。

私が4年前に大室山で磐長姫神を開いたので、神は、自分は月でいいんだ、陰の役割でいいんだということが、今ではわかるようになったのです。

磐長姫神は、月のままでいる、陰の、ネガティブのままでいることに誇りを持てるようになったから、木花咲耶姫神とうまくいくようになった。

それと同じ話なのです。

月は、その当時、太陽は華やかだし、人からちやほやされるので、うらやましがって太陽になったのです。

今、太陽をやっていますが、月の魂、月の意識は気づいているのです。太陽は忙しいな、私は月で穏やかにじっと暮らしていればよかったと、今の太陽は、月としての後悔と罪悪感を持っているわけです。

片や、今の月をやっている太陽は、今では奪われたということがわかってしまっていて、月に対して恨みを持っている。

Chapter 4
きょうは偽りの自分を楽しむ最後の日、あしたは本当の自分になる

地球人類には、両方必要だということがわかると思うのです。

太陽の面も必要、月の面も必要です。

月は優しいし穏やかだけれども、エネルギー、パワーがない。

だから、太陽からエネルギーをもらわないと、月は生きていけません。

片や太陽はイケイケで、フレアが燃えているので、やはりイライラして、いつも怒ったりすることが多いので、月に慰めてもらうことが必要なのです。

そういう意味で言うと、お互いがお互いを認識し合うことが必要になったということです。

今、太陽になった月が後悔していて、月をやっている太陽は本来の自分に戻りたい、両方が本来の自分に戻りたいと思う時期になったということです。

同じように皆さんは地球史の中で偽りの仕事をずっとやらされてきました。

今、太陽になった月が後悔していて、月をやっている太陽は本来の自分に戻りたい、両方が本来の自分に戻りたいと思う時期になったということです。

同じように皆さんは地球史の中で偽りの仕事をずっとやらされてきました。

今日は、とことん偽りの自分を味わう最後の日です。

きょうは、とことん偽りの自分を味わう最後の日です。

偽りの自分を楽しむ最後の日です。

今まで性格が悪いなと思った人は、性格が悪い自分をやり切ってください。

弱虫だと思った人は、弱虫になって泣きなさい。

意地悪だと思った人は、意地悪をしまくりなさい。

そういった嫌な自分を、きょう、やり切ってみることが大事です。

そして、あした、私と一緒に山の中腹で、月と太陽をひっくり返すセレモニーをやります。

そのセレモニーには、ベガ星のサポートがものすごく大事です。

だから、昨日、ベガを出したのです。

ベガを出していないと、あしたは成功できなかったのです。

四国のリトリートのときも、私は何で四国なんかに行くのか、わかりませんでした。

風光明媚《ふうこうめいび》だし、カツオのたたきがうまい。

カツオは毎日、朝昼晩出てきて、2日目でギブアップした。

何で四国に行くのかといったら、空海が呼んでいた、龍馬が呼んでいた、私の過去生です。

ユダがまた私を呼んでいた。

そんなことは、いつも行ってから判明するのです。

今回、私は何で奄美大島に来たのか。

今、わかっているのは、ベガのエネルギーに呼ばれたということ。

第1代ムー王朝の伊豆初島では、岩に女王の顔が浮かび上がった。

ムーの女性は、ベガ系の女性です。

私はいろんな星のパラレル生を持っていますが、私は初代王朝の女王でもあり、ベガ系です。

あした、皆さんと一緒に月と太陽をひっくり返すと、本当の自分が出てきます。

皆さんは月と太陽のエネルギーを両方持たされています。

今、太陽をやっている月のように、罪悪感とか後悔が強い人もいます。

今の月が持っている怒りと悲しみも、みんな持っている。

つまり、ひっくり返った太陽と月の思念を皆さんが持たされているのです。

今までは太陽と月がひっくり返っていたので、きょう、本当に幽霊屋敷みたいなトイレに行った。

あれが夜だったら私は行く勇気がなかったけれども、勇気を持って行って、水が流れないときはショックだった。

誰にもお願いできない。

ある意味、大塚ちゃんと深い仲になっちゃった。（笑）

そういうトイレに行かされたのも、逆をとことん味わえというベガのメッセージです。

最近、いいところしか泊まっていないから、あんなトイレに入ったのは人生で初めてのことです。

恐ろしいトイレだから、皆さん、後で行っていらっしゃい。勇気が要《い》ります。

横に町の猟師のおじさんたちがいたから、入ってきたらどうしようかと思った。

おしりを向けているし、何もできない。

こんな怖い思いを朝からさせられた。部屋のトイレでできたら安全で幸せだったのに。ベガ星はその逆を知らせたかったんだと思います。

最近、ぜいたくばかりしていたから、人間の基本を知らされた。

水道の元栓が締まっていたのですが、ベガのエネルギーが諦めたのでしょう。

ライフラインを止められたら、海水で生きるしかない。

水が止まってしまったら、全員、これからどうするのかと思って焦った。

皆さんは月と太陽のエネルギーを両方持たされています。
今、太陽をやっている月のように、罪悪感とか後悔が強い人もいます。
今の月が持っている怒りと悲しみも、みんな持っている。
つまり、ひっくり返った太陽と月の思念を皆さんが持たされているのです。

そういう意味で、水のありがたさをベガが私に示してきた。水は大切だとすごく思った。

きょうは、非常に面白いことが判明したという話です。

あした、月と太陽をひっくり返すセレモニーを行うと、今までやってきた偽りの太陽と偽りの月のエネルギーが全部浄化されます。

楽になります。

そして、本当の自分がパッと出て、あれ、私ってこんな人間だったかしらと。

私は、あしたから部屋のトイレを使わずに、向こうへわざと行ってしまう。(笑)

癖になってしまうかもしれない。

そんな感じで、皆さんに本来の自分に一回戻ってもらう。

それも地球で誰よりも早く、第一番に。

私が月と太陽を本当の姿にして、本当の月の罪悪感と後悔が癒やされます。

本当の太陽の怒りと悲しみも癒やされます。

本来の姿になって、今まで痛々しかった太陽は、もっと優しく、温かい幸福な光を投げかけるようになるでしょう。

真っ赤だった太陽が、これからはもう少し淡い色になります。

月は、非常に月らしくなる。

月は今まで引力で人間を動かしていたところもあるけれども、もっと穏やかになって、月があまり人間に影響しなくなる。

影響したとしても、穏やかになる。

今まで新月のときには新しいことをやらせたり、人間を変えた。

満月のときはたくさん与えるということをやっていたけれども、そういうことは必要なくなってくるのです。

そういうことは太陽ができるようになるので、太陽は元気、月は穏やかさを与えるエネルギーになる。

あした、その瞬間から変身します。

月と太陽が本当の自分になって、あなたも本当の自分になる。そういう奇跡が起こります。

Chapter 5 奄美大島はムー王国の起点

その後、少し歩きます。

RIEさんに、ドクタードルフィンを歩かせないでと言ってあるのです。みんなでクルマで山の上のほうまで行って、歩くのは5分ぐらいです。ちょっと歩いて山頂に行ったら、いよいよ準備ができます。

ベガ星は私に、シリウスを開き、アルクトゥルスを開き、もちろん、地球ではレムリアを開くことを求めてきました。

それを成し遂げたので、ベガの準備ができて、いよいよムー王国を起こしにきたということです。

ムー王国が完全に起きることで、地球の内奥のエネルギーが完全覚醒されます。

今、レムリアのエネルギーだけを私が開いてあるので、まだ中途半端です。

全部で15代のムー王朝で開いていないところもあるので、全部を開かなければいけ

ベガ星は私に、シリウスを開き、アルクトゥルスを開き、もちろん、地球ではレムリアを開くことを求めてきました。

それを成し遂げたので、ベガの準備ができて、いよいよムー王国を起こしにきたということです。

全部で15代のムー王朝で開いていないところもあるので、全部を開かなければいけないけれども、奄美大島は第6代、最盛期のころで、ムーの起点となるところです。

ここを開くことでムーが全体的に浮かんでくるということです。

ないけれども、奄美大島は第6代、最盛期のころで、ムーの起点となるところです。

ここを開くことでムーが全体的に浮かんでくるということです。

ムーというのは実はジーザスのエネルギーで、『ドクタードルフィンの高次元DNAコード』（ヒカルランド）に書いたとおり、どんなに打ちのめされても、たたかれても、責められても、蹴られても、無視されても、粗末に扱われても、諦めないで、世に出る、生まれ変わる力を持っています。

それはジーザス・クライスト、私が紀元28年に十字架にかけられて、3日後に蘇ったときの状態です。

あのエネルギーを再び地球に再誕させる。

第6代ムー王朝が完全に浮上すると、奄美大島が大喜びします。

地響きするとか、恐らく島が上がってくるので、海底が上がると思います。

そこの砂浜も面積がちょっとふえる。

そして、生まれ変わったあなたが、本物の太陽と本物の月のエネルギーを山の頂上で受けて、違う第6代ムー王朝としてどんどん浮かび上がってくる。

本物のあなたが全然違う次元に生まれ変わります。

あなた自身がブラックホール化してしまうかもしれない。

ムーというのは実はジーザスのエネルギーで、『ドクタードルフィンの高次元DNAコード』（ヒカルランド）に書いたとおり、どんなに打ちのめされても、たたかれても、責められても、蹴られても、無視されても、粗末に扱われても、諦めないで、世に出る、生まれ変わる力を持っています。

あなたがあなたの中に吸い込まれて、違う宇宙に行ってしまう。

昨日も、誰も締めていないのに元栓が締まったということは、締まっていない宇宙から締まった宇宙に我々が移動してきたのです。

あしたは、またすごいことがどんどん起きるでしょう。

そして、そういう状態で我々が帰ってきて、夕食をとって、次の朝、砂浜に出ると、まさに映画のあのシーンで、ベガ星人と交流できるでしょう。ベガ星人がいっぱい遊びに来ると思う。

あしたの夜、ベガ星に連れていってもらいなさい。戻ってこなくてもいいから。グッバイ。

Chapter 6 あなたの受ける祝福が大宇宙に奇跡を起こす

皆さんは、セレブレーション（祝福）の時を迎えようとしています。

私たちは地球人をやってきて、セレブレーションに値する魂を持っているにもかかわらず、セレブレーションを受けないように封印されてきた。

昨日の夜、皆さんは何か感じてくれたと思うけれども、生きていることは、毎秒毎秒、もっと言いますと0秒0秒がセレブレーションなのです。その0秒0秒の祝福を常に感じることこそ、無条件の絶対幸福です。

自分以外に何もなくても、過去に何があったとしても、未来に何があろうとも、今ここの100％、もしくはそれ以上の、あなた以外の誰よりも飛び抜けた最大級の無条件の絶対幸福（スーパーハピネス）を自分のものにするためのスーパーシークレット（大きな鍵）です。

つまり、地球のベガの聖地、この奄美で、私たちは毎秒毎秒セレブレーションされ生きていることは、毎秒毎秒、もっと言いますと0秒0秒がセレブレーション（祝福）なのです。その0秒0秒の祝福を常に感じることこそ、無条件の絶対幸福です。

ている存在である。

今まで受けてきた洗脳、封印はもう要らないんだ。必要なくなる。

いよいよそれが解き明かされ、開かれ、本来の自分が生まれ出る。

私たちだけではなく、月も太陽も何十万年の時を経て、ついに本来の月や太陽に戻る。

本来の姿に戻る月の喜びの大きさ、太陽の喜びの大きさは、太陽系を全て書き換える力を持っています。

太陽系が書き換わると、今最も注目されている私たちの天の川銀河系が、全部バージョンアップします。

そうすると、天の川銀河だけでなく、アンドロメダの銀河とか、ほかの無数の銀河たちもそれを祝福します。

私たち一人の小さな、小さなセレブレーションが、月と太陽のセレブレーションとともに、太陽系に最高の光を放ち、それが銀河の大きな光となり、その他無数の銀河に最大級のセレブレーションの光を見せつけることがようやく実現していきます。

ここにいる皆さんは、その大きなバージョンアップ、変化を体験する本当にすばらしい皆さんです。

大宇宙の全てを書き換えられる。

大宇宙の全てに、そういう喜びと奇跡を起こす力を、あなた一人の力から起こせるんだということがわかる。

私たち一人のちっぽけな人間も、月も太陽も、この宇宙史の中で、何度も何度も生まれ変わり、何度も愛と調和の存在になろうとトライしてきたわけです。そして、1万回失敗したけれども、今回、我々は1万1回目でついに成功を手にすることになります。

私は、去年（2020年）12月12日、横浜ベイコート倶楽部で、人生初めてのライブショーをやりました。

歌って、踊って、ひとり芝居。お色直しが2回ありました。

プロの音響、照明で、魂の爆発を伝えました。

私は、いきものがかりの「風が吹いている」を歌いました。

なぜなら、我々には今、風が吹き始めた。風が吹いているわけです。

私たちは、遠い過去の星からやってきました。

魂は、昔のふるさとを非常に求めています。

遠い遠い、高い次元のふるさとに本当は帰りたい。

ここにいる皆さんは、その大きなバージョンアップ、変化を体験する本当にすばらしい皆さんです。

大宇宙の全てを書き換えられる。

大宇宙の全てに、そういう喜びと奇跡を起こす力を、あなた一人の力から起こせるんだということがわかる。

これからは自由に帰れるようになります。

自由に帰って、またこちらへ来て、帰る。

これはいきものがかりの「帰りたくなったよ」という歌です。(曲をながしている)

私たちが何で宇宙空間に存在するかというと、宇宙のふるさとに帰るためなのです。

ゼロポイントまで帰ると消えてしまうから、もう少しエネルギーの低い宇宙のふるさとに帰る。

今こそ、一生懸命頑張っている私たちは、時々頑張るのをやめて、自分をサボらせてあげる。

ダメな自分をいたわってあげる。

あなたの宇宙のふるさとに帰れるときがやってきた。

私たちはこの地球でベガ星のサポートのもと、本来の自分でない自分を生きさせられて、いつもがいてきた。

いつも泣きたかったけど、なかなか泣けずにやってきた。

この曲「なくもんか」(いきものがかり)のように、「なくもんか」と。(曲を流している)

今、皆さんが流してきた涙の数だけ報われるときを迎えようとしています。

今、皆さんが流してきた涙の数だけ報われるときを迎えようとしています。

この祝福された奄美大島で、きょうは泣きたかったら泣いて、笑いたかったら笑って、踊りたかったら踊って、十分あなたを生きてください。

そして、あした、あなたは新しい次元のあなたを生きることになります。

この祝福された奄美大島で、きょうは泣きたかったら泣いて、笑いたかったら笑って、踊りたかったら踊って、十分あなたを生きてください。

そして、あした、あなたは新しい次元のあなたを生きることになります。

WAKE UP HUMAN, HAVE A GOOD DAY!（拍手）

Section
II

ベガのエネルギーの祝福と予言されていた奇跡

ドクタードルフィン
奄美からのムー再誕
イブニングスクール
—スーパー合宿スクール・リトリート—
(2021年4月21日)

Chapter 7 きょうのアクティビティの報告

松久 きょうのアクティビティは、ホテルでゆっくりしていたステイ派・ゆっくり派と、この風の中、勇敢に立ち向かっていったマングローブ・カヌー派と、植物大好き、金作原《きんさくばる》の原生林派。

この3グループでした。

私と事務局とヒカルランドの皆さんは、加計呂麻島《かけろまじま》に行きました。

7月に奄美大島が世界自然遺産になるという。

私が開いた沖縄の西表島《いりおもてじま》も世界遺産になるようだけれども、金作原は世界遺産になってしまうと、また観光客がふえて、行きにくくなるので、きょう行った人はよかったと思います。

どんな1日だったか発表してください。まずステイ派。

参加者A 時間がとてもゆったり流れていました。

ふだん1日、仕事をしているとすごく速いんですけど、きょうは時間がたつのがすごく遅くて。

松久　やっぱり時空間が違った。

参加者A　まだこんな時間なの、まだこんなにのんびりしていていいのと。

松久　よかったね。

参加者A　飲んで、食べて、ゴロゴロしていました。

松久　充電できましたか。

参加者A　できました。ありがとうございました。（拍手）

松久　次はチャレンジャーで、風で流されて、スタッフに引っ張ってもらってたどり着いた人もいるという。

カヌーに行った人、2人ぐらい発表してください。

参加者B　四万十《しまんと》のカヌーも挑戦したんですけど、それより長い距離で2時間ぐらい。

松久　私たちのスタッフも、きょうはこの強風の中でカヌーはきついですよと言っていた。女性で、よく行ったわね。

参加者B　強風への挑戦でした。途中で広いところに出たら、風がブワーッと吹いてきた。

前へ行こうと思って一生懸命漕ぐのに、後ろへドワーッと行くので。

松久 風がだいぶ強かった。

私が西表島でレムリアの女王を開いたら、バッと大陸が浮かび上がってきたので、マングローブがふだんの3倍ぐらい出た。水かさがほとんどなくなっちゃった。

参加者B 水かさがふえた。

松久 あした、大陸がパーッと上がってくるから、マングローブがびっくりするぐらい出てくる。きょうは深かった。あなた、戻ってこれなかったの？

参加者B 女性3人だったんですけど、私たちは小さいので、男性がロープで引っ張らないと。

でも、3艘でつながって、みんなですごいスピードで漕いだんです。

松久 だいぶ筋肉痛になると言ってたけど。

参加者B 腰もどこもなっています。

松久 よく頑張りました。（拍手）

参加者B あすに備えて、きょうは挑戦してきました。

参加者C カヌーは、広くて雄大なところで、漕がないで自分一人でボーッとして漂っている感じがすごくよかった。僕は漕げば何とかなったので、自力で帰りました。

松久　男性陣は全部自力で帰ったの。Cさん、やっぱり若いねえ。タフマンだね。
参加者C　奥さんが遅れたのを、自分で迎えに行きました。（拍手）
松久　私がカヌーをやっていたら、たぶんあなたをひっくり返していた。（笑）
参加者C　ちょっとそうなったところもあるんですけれども、そんなに深くはなかったので、転覆しても自力で上がれる。
もう一つは、フナンギョの滝に行って、そこを歩いているときに、蝶々が何頭も迎えに来てくれた。黒とか、紫とか、黒にオレンジ色の斑点がついたのがいました。
松久　あれは死者の迎えだったのよ。ウソでーす。
参加者C　あとは、野生の子ヤギがいて、ガイドさんも初めて見たと。
松久　いい体験になりましたか。よかった。（拍手）
金作原に行った人、発表して。
参加者D　私が一番うれしかったのは、入った途端から森のにおいというか、どこかで嗅いだことがあるにおいだなと思いました。
葉っぱが揺れて、すごく歓迎してくれた。
風が吹いて、写真を撮ろうとしたら、青い大きな空が見えたから、それでまたうれしくなった。

いろんな色がバーッと出てきて、そのほかのところでも風が吹いて、いい光が出てきたので、それがうれしかったです。(拍手)

松久 よかったわね。

参加者E 今のDさんのお話は、完全に自分モードに入っていましたが(笑)、まず金作原原生林は、ガイドさんから自然遺産に登録されるちょっと前だというお話があったのです。

本当に人の手が入っていない原生林で、ジャングルと言われましたけれども、道幅がわりと広くて、ハブの怖さもなく、1キロぐらいの道を行ってきました。

そこで彼女は、植物が揺れてくれた、ウエルカムしてくれたと言いたかったんです。

片道1時間半ということだったんですけれども、2時間はかかりました。

ちょっと長いかなと思ったんですけれども、ドライブを楽しむ気持ちと、奄美大島の自然を楽しむ気持ちと、向こうに行ったら、決して本州では見れないような原生林を歩きながら楽しめたというのが本当のところで、そういう気持ちで行ったら、すごく楽しかったですね。

名前は覚えていないですけど、鳥の鳴き声とか植物、本当に奄美大島ならではの感じなので、皆さん、ぜひ行ってみてください。

松久　あしたは皆さんと一緒の行動ですが、あさってはまたフリータイムなので、聞いていて興味が出たところは、皆さん、ぜひ行かれるといいんじゃないかと思います。

参加者E　行きと帰り、同じ道を通るのですけれども、行きと帰りで全く違う景色になるので、それも楽しみに。

松久　あら、面白いことを言ったわね。その間に次元が変わっているということだな。行きはよいよい、帰りは怖い。

参加者E　帰りもよい。奄美大島は本当に優しい感じ。

ＲＩＥさんのイメージがまたダブってくるようで、本当に気に入りました。

松久　よかったです。(拍手)

加計呂麻島のすばらしさを、誰か報告して。

スタッフ　今回、私たちはドルフィン先生とPちゃんと私、石井社長とNさんの5名で、加計呂麻島クルーズの旅をしてきました。

船で、先生たちと加山雄三を歌ったりしながら、ガイドさんに加計呂麻島のポイントをご案内していただきました。

加計呂麻島の海が本当にきれいで、先生もさっきフェイスブックに投稿されていましたが、山とエメラルドグリーンの海に、空の雲の影が映っていて、光と雲のかげん

ドクタードルフィン in 加計呂麻島

で景色の見え方がちょっとずつ変わっていく様が、とてもすばらしかったです。

松久　絶景のポイントに行って、エメラルドの海から白い海底が全部見えちゃう。これだけの天気ということは、奄美大島では、まずあまりないらしいです。どれだけ私たちが祝福されているか。

太陽に照らされた海が完全にエメラルドグリーンで、底のホワイトが相当強調されて、私たちが日ごろ持っていたネガティブなものを全部吹き飛ばしてくれるぐらいの海のバイブレーション、輝きというギフトをいただいてきました。

あんな美しい海は見たことがない。ここは本当に日本なんだろうか、私たちは現実の3次元にいるのだろうか、ベガが見せている映像なのではないだろうかと思うぐらい。

よく奄美大島の特集をテレビでやっているけれども、どこが一番お勧めですかと聞くと、ほとんどの人が加計呂麻島と言うので、私は一番楽しみにしていたのです。

山の上から海を見つめたときに見せる海の顔と、下までおりて、水に足をつけて見る海の顔が全く違う。非常にすばらしかった。

最後は、ドラマ「天国と地獄」の舞台となったホノホシ海岸に行ったら、丸い石がいっぱいあった。

そこは男性的な荒々しい、力強い海で、あの波に打たれて石が丸くなる。

その後、ガジュマルの木とデイゴの木をたっぷり見てきました。デイゴ並木があって、6月になるとオレンジ色の花が咲くそうです。

あんな美しい海に誰ひとりいない。動物もいない。たまに昆虫が飛ぶぐらいです。

プライベートビーチ、夏でもそんな状況になる。まさに隠れ海。旅館や民宿もあるので、ぜひ行かれるといいと思います。（拍手）

Chapter 8 小さなゴールでも、次元上昇する

皆さん、きょうはいろんなところに行ったのね。

こういうリトリートは、1つのところにみんなで行くようなイメージがあるけれども、そうでなくて、皆さんそれぞれの楽しい時間があっていいのです。ホテルでゆっくりとぜいたくに過ごすのも極上の時間です。ホテルにいたいというのも当然で、波の音を聴いたり、海のにおいを嗅いで1日過ごす。それもありです。

また、風の中、マングローブの海を行くのはチャレンジャーです。地球人はもともとチャレンジャーだけど、まさにそのチャレンジャーの姿をトライしに行ったのです。

私はマングローブを西表島で見ているのでよくわかるけれども、まさに根っこが浮かび上がってくる感じです。地球の生命力、つまり、我々もその一部であるという、自分たち人間の生命力を、まざまざとじかに感じさせられる体験になります。

私はそのときはフェリーだったけれども、きょうは皆さんはお喜びさまで、ご自分

で漕いで行かれた。

自分で最後まで漕ぎ着ける人もいれば、助けられる人もあって、それもいいのです。どっちがどっちではなくて、自分で行く人、助ける人、助けられる人、まさに個の幸福、個が求めることをやっていく。そういう皆さんの姿を見て、皆さんが学ぶのです。

金作原は、奄美大島の山々の中で、より一層神秘的と言われている手つかずの大自然です。我々人間はあまりにも余分なエネルギーを受け過ぎています。まさに原生林そのままの姿に触れることで、我々の本当の姿は何だろう、人間とはどうあるべきだろう、私は本当はどう生きたらいいんだろうということを感じる。

さっき言っていた、行きと帰りで景色が違うというのは、行くことで、皆さんが次元上昇するのです。

折り返してくるときは、次元上昇したパラレルの森を通ってくるわけで、非常にいい体験になったと思います。景色が違うということが大事です。

人生と同じです。あるところまで行って、また戻ってくるという繰り返しなのです。向こうに行ったときに自分のエネルギーが上がっていなければ、次元上昇していなければ、同じ景色、同じ体験しかできません。

小さいゴールでいいので、あるゴールまで行ったときに、自分をいかに次元上昇させられているかというのが勝負です。そこからまた自分に戻ってくるときに、いろいろな気づき、学びが生まれるわけです。

私たちが行った加計呂麻島は、奄美大島の醍醐味というか、いいところばかりが凝縮されたようなところです。海と山。いつも普通の生活をしていると、地球はイヤだと叫んでいるドクタードルフィンも、本当にすばらしい地球に来たなと思いました。一緒に行った石井社長やNさんも、「すごい！　何これ」と100回ぐらい言っていた。それぐらいよかったのです。皆さん、それぞれいい経験をしました。

Chapter 9 湯湾岳の麓に住む女性からの手紙

このイブニングスクールの直前に、大塚さんから「先生にお手紙があります」と渡されました。

私は一度もお会いしたことがない方ですが、あした行く湯湾岳《ゆわんだけ》の麓、宇検村《うけんそん》の須古《すこ》というところに住んでいる、70歳の女性からお手紙です。

読んでみますと、すごく面白いことが書いてあります。

私は奄美発祥の地である霊峰「湯湾岳」の麓にあります宇検村の須古に住んでいます。

4月17日に先生の公式サイトを誘われるかのように見ましたら、先生方御一行様が奄美大島に4月20日～24日までいらっしゃるとのこと、さらに湯湾岳にも登られることを知り、びっくりしました。

先生の本は数冊読ませていただいていて、そこからヒントをもらい本当に感謝しています。ありがとうございます。
私はこの10年以上、頭の中をいつも駆け巡っている言葉がありまして、だれにも相談することもできず一人であたためていた言葉です。ちなみに霊感も直観（ここぞ！　という時だけ、なんとなくあるような気はしてますが……）もない私に、なぜ！　と思えてなりません。それを書く前に、宇検村の地形から書かないとわからないと思いますので、書かせてください。

と、地形の地図つきで、私に説明してくれています。

宇検村には14集落あるそうです。その湾の真ん中に枝手久島《えだてくじま》という無人島があって、別名「いざと」と呼ぶ。その言葉について、「いざとが離れると、いざなみが立つ。いざなみが立つと、アランガチの滝（別名戸立ての滝）の岩戸の中から、国常立大《くにとこたちのおお》神様《かみ》の妻神の豊雲野大神《とよくもぬのおおかみ》が、新しい月の剣を携えてあらわれる」という言葉が、彼女に何回も降りてきていたらしいです。

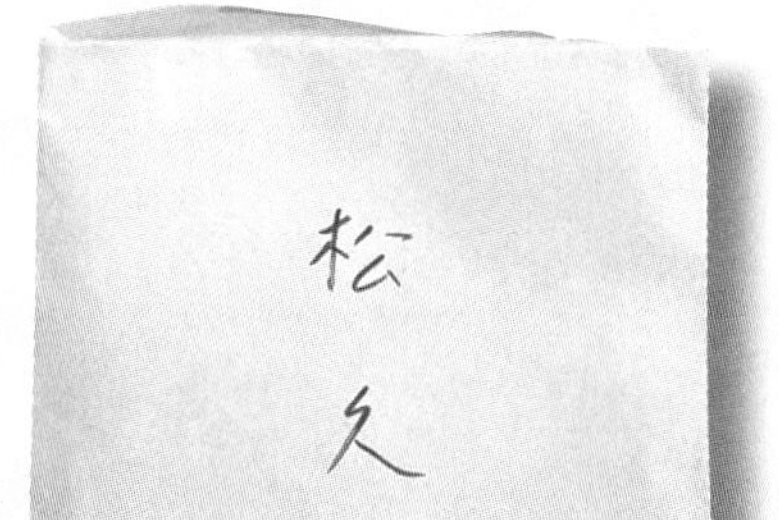

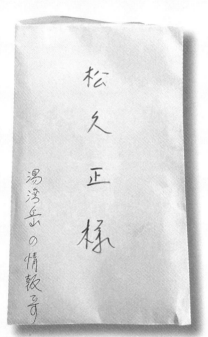

宇検村の須古在住、70歳の女性の方からの手紙

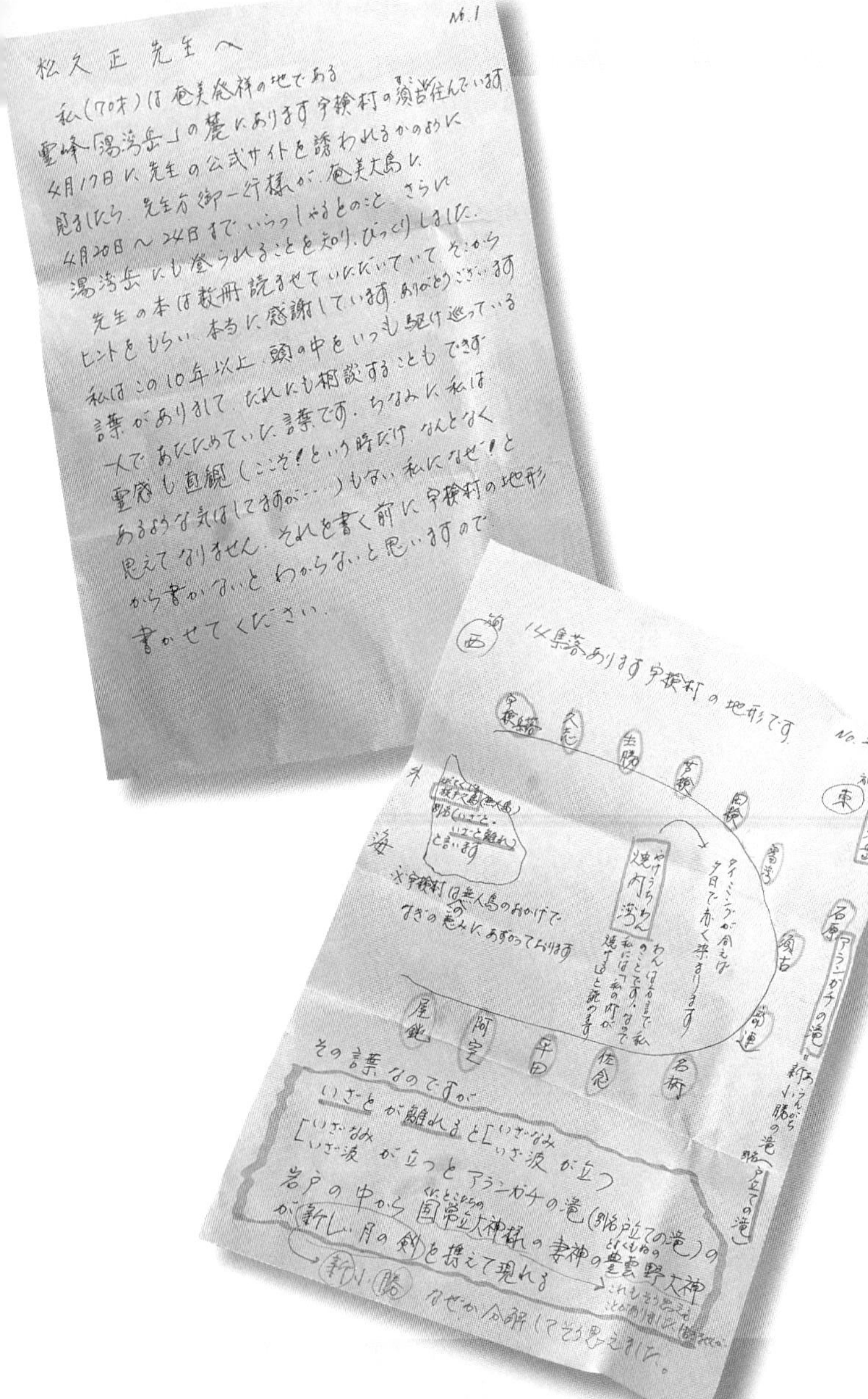

No.1

松久正先生へ

私（70才）は奄美発祥の地である
霊峰「湯湾岳」の麓にあります宇検村の須古《すこ》に住んでいます。
4月17日に先生の公式サイトを誘われるかのように
見ましたら、先生方御一行様が、奄美大島に
4月20日～24日まで、いらっしゃるとのこと、さらに
湯湾岳にも登られることを知り、びっくりしました。
先生の本は数冊読ませていただいていて、そこから
ヒントをもらい、本当に感謝しています。ありがとうございます。
私はこの10年以上、頭の中をいつも駆け巡っている
謎がありまして、だれにも相談することもできず
一人であたためていた謎です。ちなみに私は
霊感も直観（ここぞ！という時だけ、なんとなく
あるような気はしてますが……）もない、私になぜ！と
思えてなりません。それを書く前に宇検村の地形
から書かないとわからないと思いますので
書かせてください。

西
14集落あります宇検村の地形です。
No.2
東
湯湾岳
宇検集落
久志
生勝
芦検
田検
湯湾
石原
須古
部連
名柄
佐念
平田
阿室
屋鈍
外海
枝手久島（無人島）
別名（いざと・いざと離れ）と言います
※宇検村は無人島のおかげで
なぎの恵みにあずかっております
焼内湾《やけうちわん》
わんは方言で私のことです。なので私には「私の内が焼ける」と読めます
タイミングが合えば夕日で赤く染まります
アランガチの滝
新小勝の滝
別名（戸立ての滝）

その謎なのですが
いざとが離れると［いざなみ
いざ波が立つと［いざなみ
いざ波が立つ
岩戸の中からアランガチの滝（別名戸立ての滝）の
国常立大神様《くにとこたちの》の妻神の豊雲野大神《とよくもぬの》
が新しい月の剣を携えて現れる
→ 新小勝　なぜか分解してそう思えました。
これもそう思えることがありました。

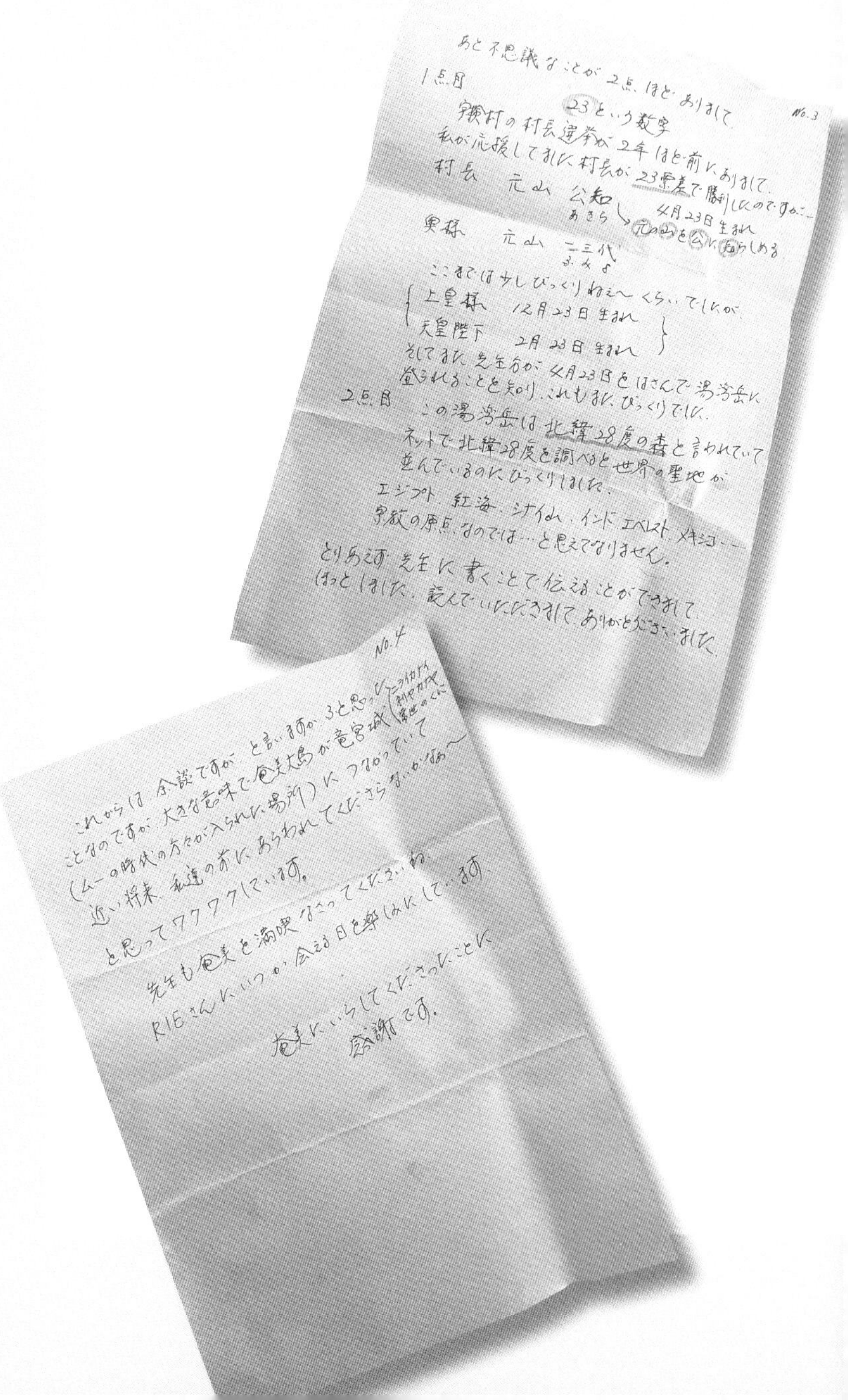

No.3

あと不思議なことが２点ほどありまして

１点目

23という数字

宇検村の村長選挙が２年ほど前にありまして

私が応援しておりました村長が23票差で勝利したのですが…

村長　元山　公知《あきら》　４月23日生まれ

→ 元の山を公に知らしめる

奥様　元山　二三代《ふみよ》

ここまでは少しびっくりねぇ〜くらいでしたが、

上皇様　12月23日生まれ

天皇陛下　２月23日生まれ

そしてまた先生方が４月23日をはさんで湯湾岳に登られることを知り、これもまたびっくりでした。

２点目

この湯湾岳は北緯28度の森と言われていて

ネットで北緯28度を調べると世界の聖地が並んでいるのにびっくりしました。

エジプト、紅海、シナイ山、インド、エベレスト、メキシコ……

宗教の原点なのでは…と思えてなりません。

とりあえず先生に書くことで伝えることができまして

ほっとしました。読んでいただきましてありがとうございました。

No.4

これからは余談ですが…と言いますか…ふと思ったことなのですが、大きな意味で奄美大島が竜宮城（ニライカナイ　ネリヤカナヤ　常世のくに）

（ムーの時代の方々が入られた場所）につながっていて

近い将来、私達の前にあらわれてくださらないかなぁ〜

と思ってワクワクしています。

先生も奄美を満喫なさってくださいね。

RIEさんにいつか会える日を楽しみにしています。

奄美にいらしてくださったことに

感謝です。

それを誰にも言えずに、私に初めて伝えてくれたという趣旨のお手紙です。

国常立大神は、まさに私のパラレル過去生である出口王仁三郎が愛した神だった。つながった神なのです。その妻の豊雲野大神が新しい月の剣を携えてあらわれる。

ここでつながったでしょう。月が本物になるということです。私の今回の活動が予言されていたのです。（拍手）

あと、不思議なことが2点ほどありまして、1点目、23という数字について。

宇検村の村長選挙が2年ほど前にありまして、私が応援してました村長が23票差で勝利したのですが、村長の名前が「元山公知《あきら》」、4月23日生まれ。

この人に降りている情報は、元の山を公に知らしめるという役割で村長になったということです。

奥様の名前が「元山二三代《ふみよ》」。

ここまでは少しびっくりねえ～ぐらいでしたが、

上皇様、12月23日生まれ

天皇陛下、2月23日生まれ
そしてまた、先生方が4月23日をはさんで湯湾岳に登られることを知り、これもまたびっくりでした。

私が23日をここで過ごすことになっていること、あした、4月22日に予言されていたエネルギー開きをして、23日に完全に覚醒することです。(拍手)
スタッフ合わせて、今回のツアーの参加メンバーは23名です。

松久 ワーオ! すごいねえ。
この人が私に伝える2点目。

この湯湾岳は北緯28度の森と言われていて、ネットで北緯28度を調べると、世界の聖地が並んでいるのにびっくりしました。
エジプト、紅海、シナイ山、インド、エベレスト、メキシコ――。宗教の原点なのでは……と思えてなりません。
とりあえず先生に書くことで伝えることができまして、ほっとしました。読んでいただきましてありがとうございました。

私のほうこそありがとうございました。あしたは湯湾岳。まさに世界の聖地です。

（拍手）

これからは余談ですが、と言いますか、ふと思ったことなのですが、大きな意味で奄美大島が竜宮城（ニライカナイ、ネリヤカナヤ、常世のくに）（ムーの時代の方々が入られた場所）につながっていて、近い将来、私たちの前にあらわれてくださらないかなあ〜と思って、ワクワクしています。

これは私のやっていることです。（拍手）

私は彼女に何も言っていないのに、私のやっていることを全部ここに書き込んでいる。びっくりです。

「先生も奄美を満喫なさってくださいね」と書いてもらっています。

すばらしいお手紙をいただきました。ありがとうございます。

こういう不思議なことがどんどん起こってきます。

Chapter 10 13人のグランドマザー

昨日、節田立神にご一緒してもらったＲＩＥさんに、あした、湯湾岳を案内してもらいます。

メッセンジャーで彼女から私にメッセージが来まして、私が人類史上初めて、奄美大島の封印を開こうとしているということに関して、面白いことを言ってきました。

実は11年前に、奄美大島を開こうとした13人のグランドマザーたちがいたそうです。それはシャーマンや魔女、インディアンなど、エネルギーの高い人たちが13人で、あるとき、奄美大島を開く必要があるということで、来ようと計画したそうです。

でも、その日が強烈な嵐になり、飛行機が飛べなくなって、誰ひとり来れなかった。いまだに来れずじまいです。

ＲＩＥさんが言うには、奄美大島はやはり日本人に開きに来てほしいんじゃないか。それをさせるために、その連中を来させなかった。（拍手）

これも予言されていて、奄美大島が待っているということですね。

だから、すごい神風が吹いて、私があした奄美大島を開くことの前夜祭、すごいエネルギーの状態です。

私のフェイスブックにUFOをアップしました。

これはベガのエネルギーです。私がバスの中で撮った緑の光もベガのエネルギーです。昨日、立神のところで私が開いたときに写ったグリーンの虹もベガです。今、全部わかりました。

私は、RIEさんがいるから奄美大島に行ってみようかな、案内してもらおうと思ったのです。この時期も、私のフリータイムが一番とれたし、ほかの予定と重ならないので、何となくこの時を選んだのに、4月23日がまさにドンピシャで入っている。

しかも、88次元の私に880ヘクトパスカルの台風2号が襲ってきた。

宇宙の采配はすごい。

結局、台風は、私を潰し切れず、奄美大島に寄り切れず、東に抜けていきました。

そして、70歳の女性からのこのお手紙、「いざとが離れると、国常立大神様の妻神の豊雲野大神が、新しい月の剣を携えてあらわれる」。

あした、すごいことになります。

ベガのUFO 4機が出現

月の剣を豊雲野大神が持っていてくれるということで、あした生まれる本当の月にその剣を渡してやることで、今まで太陽がうらやましくて、太陽になりたがっていた月に誇りを持たせる。

全部つながってきます。

もっとすごかったのは、「23」という数字がずっと彼女に降りてきていたらしい。23票差で選挙に勝った村長の名前が元山公知（元の山を公に知らせる）で、4月23日生まれ。奥さんの名前が二三代。上皇様が12月23日生まれ。天皇陛下は2月23日生まれ。私も4月23日、奄美大島にいます。

このすごい「23」の奇跡。

そして、あした行く湯湾岳は北緯28度にあり、世界の聖地がずらっと並んでいるらしい。しびれるね。

まさにあした、私は世界の大奇跡を起こして、みんなで一緒に体験しようとしている。きょうのディナーは前夜祭だから、激しい夜になるかもしれません。

昨日は大分おとなしかったね。きょうはどうなっちゃうかな。

これでＲＩＥさんと奇跡の出会いが起こってくる。

ＲＩＥさんのメッセージでは、13人のグランドマザーがトライした。13もキーになる。

あしたは、マヤの暦の中で真ん中の宇宙につながる4日間が始まります。宇宙が全部設定してくる。

私も恐ろしいぐらい。あしたはすごいことになると思います。

あなたたちは、すごいことに直面しようとしているのです。

奄美の70歳の女性がずっと温めていて、しかるべき時が来たということを私に手紙で知らせてくれたのです。

しかも、イブニングスクールを開く直前のタイミングです。これは全部設定されているのです。

Chapter 11 高次元DNAコードに書き換える

私は、お約束したように、今回のスクールで1日に1回、3日間、DNAを高次元で書き換えてあげます。

あなた、変態の自分をやり切った？　昨日の夜の講演会で、自分が嫌いな自分、認めていない自分をやり切りなさいと約束したでしょう。

イヤな自分をちゃんと出し切りましたか。

あした、本当の自分に入れかわります。

きょうは、今までの自分とつき合う最後の夜です。

今からDNAを書き換えて、今までの自分が全部オープンに覚醒するようにしておきます。

夜、夢の中にイヤな自分が出てきて、うなされると思うけれども、とことんつき合いなさい。

イヤな自分がワーッと出てくるけれども、そのときに自分を愛する。

今まで嫌ってきてごめんね、本当は大好きだったんだよ、本当に大切なことがずっとわからなかったんだと最後に謝って受け入れて、今までありがとう、あしたから新しい自分になるけど、あなたがいなかったらあしたを迎えられなかったわと、今晩ゆっくりおつき合いしなさい。

イヤな自分があなたから全部出し切られるように、あなたの遺伝子に残らないように書き換えます。

ただ、あしたから書き換わったと言っても、あなたがベガに行ったら、本当の自分でずっと生きられるけれども、地球はエネルギーがまだ重いから、イヤな自分がたまに出てくる。

でも、今までほどもがく自分にはならない。

もう少し多角的、客観的に、イヤな自分を見られるようになるでしょう。

今までの嫌いだった自分、認められなかった自分、見ようとしてこなかった自分を、いよいよ許してやる時代がやってまいります。

だから、あした新しい自分になる前に、古い自分に感謝するときが来ました。

今まではどうしても抵抗して感謝できなかった。

受け入れられなかった自分を素直に受け入れて、今までごめんね、今までありがとうと言える高次元ＤＮＡコードを入れます。

今までの古いあなたが報われますように。

今のあなたが、今までの古い自分にどうか感謝の気分になりますように。

そして、ありがとうと言えるようになるように、愛と感謝で全てのあなたを受けとめることができますように、そのための高次元ＤＮＡコードを入れます。

（高次元ＤＮＡコードを入れる）

Chapter 12 皆さんの、そしてベガ星のサポートに感謝

あした、今まで私たちを見守ってきた高次元ベガ星のエネルギーの全てが、どうか私たちを見守りたまえ。

そして、我々に開かせたまえ。

そのサポートを我々に降り注ぎたまえ。

私の医学部の大学生時代は、ちょうどバブルがはじける前の1990年前後で、レベッカというグループ歌手が一世を風靡《ふうび》しました。

ボーカルはNOKKOさんです。

私もミーハーでレベッカの流れに乗っておりました。

青山通りをクルマの窓を全開にして、この曲をガンガンにかけて、見せつけて振り向かせた覚えがあります。

それぐらい幼稚なこともやっていました。

しかし、この「Maybe Tomorrow（きっとあしたは）」（レベッカ）という曲は、私が人生に疲れたとき、生きるのに疲れたときに、ふと聴きたくなる曲であります。

我々はあした、いよいよ奄美大島のメインイベントであるエネルギー開きをともに行いにまいります。

「あしたはきっといいことがあるだろう」というこの曲のエネルギーを受けて、この後、前夜祭で皆さん楽しく食事しましょう。

皆さんは、もはや「きっといいことがある」と信じる必要もなくなりました。「ある」と設定すれば必ずあるという宇宙を生きることになります。

「76th Star」（レベッカ）も大好きな歌で、76年に一回来る彗星のことです。

私たちは76年どころか、恐らく76億年に一回の地球のチャンスを、ここのメンバーとともに、あす、迎えようとしています。

この手紙を送ってくれた奄美発祥の地である霊峰湯湾岳の麓、宇検村須古に住んでいらっしゃるTさん（70歳）、どうもありがとうございました。

そして、今回ご一緒して、私をサポートしていただいたＲＩＥさん、昨日蘇った第6代ムー王国の女王をしていたＲＩＥさんに感謝します。

そして、何より感謝したいのは、地球をずっと見守ってサポートしてきた超高次元のベガ星のエネルギー、ベガ星人たちです。

私たちを見捨てなかった。

このチャンスをずっと待ってくれていた彼らに感謝したいと思います。

最後は、この予言されていた私の活動にご一緒していただいた奇跡の皆様、日本中から集まった、ベガのエネルギーに祝福された奇跡の皆様に感謝したいと思います。

皆さん、ありがとう！（拍手）

Section
Ⅲ

ベガ星人、リラ星のレベルへと向かう人間になる!

ドクタードルフィン
奄美からのムー再誕
モーニングスクール
—スーパー合宿スクール・リトリート—
(2021年４月22日)

Chapter 13 こと座流星群がピークを迎える

本日は、地球人類の中で私たちのみに訪れる、最高の至福の奇跡を体験するときがやってまいりました。（拍手）

それもひとえに、皆さんの魂のエネルギーとともに、私のエネルギーが喜んで実行することであるからで、皆さんの存在がすごく大事です。

昨日も述べたように、宇宙のエネルギー、とくにベガのエネルギーに喜ばれています。

けさ、私が調べたら、またすごい奇跡が重なっているのです。

この日は、私が宇宙から全ての定義を任されたということを裏づける事実があります。

本日は、ベガのある〝こと座流星群〟が最大になる日です。

今、ニュースに大きく出ています。

しかも、こと座流星群がピークになるのは、本日午後10時からあしたの朝にかけてで、1時間に90個ぐらい見れるそうです。

しかも、日本列島は、ほぼよく見える可能性がある場所なのですが、唯一、見えにくい可能性があるのは、鎌倉を含む湘南地方なのです。

私が鎌倉にいたら、非常に見にくかったかもしれない。

奄美大島はよく見える条件に完全に入っています。

昨日の奇跡の手紙の内容もそうだし、こと座流星群が、私がエネルギー開きをするその日にピークを迎える。これは設定しようとしてもできないことです。

こと座は、宇宙では振動数、波動のエネルギーの最も高い、次元の高いリラという星の故郷、私はリラ星の集合意識体のリーダーをしています。

私は、宇宙を全部コントロールしているステラ委員会の委員長のリラ生命体プリラです。

宇宙を治めています。だから、宇宙の采配は全て私に向かってくる。

ベガ星のベガ星人は、最も高次元である宇宙の星リラから、最初に陰と陽の分離を持つ存在として誕生しました。

だから、こと座文明とベガ星文明の対立があったというのは、昨日お話ししたとおこと座は、宇宙では振動数、波動のエネルギーの最も高い、次元の高いリラという星の故郷、私はリラ星の集合意識体のリーダーをしています。

私は、宇宙を全部コントロールしているステラ委員会の委員長のリラ生命体プリラです。

宇宙を治めています。だから、宇宙の采配は全て私に向かってくる。

ベガ星のベガ星人は、最も高次元である宇宙の星リラから、最初に陰と陽の分離を持つ存在として誕生したそうです。（中略）
そういう意味で言うと、宇宙の中で分離というものを最も把握しているのがベガ星人です。

りです。

そういう意味で言うと、宇宙の中で分離というものを最も把握しているのがベガ星人です。

自分たちが犯した分離の間違いを地球に起こさせてはいけない。地球を友好の星にしないといけないということで、地球に関与していて、地球は彼らの実験場でもあるのです。

私は、4月に「88次元ラボ」という講演会をやったけれども、地球は宇宙では常に実験場なのです。トライアルです。自分たちが犯した間違いを犯さないように、自分たちが得た知識、情報を地球人に授けてあげる。そういう意味で言うと、奇跡が非常にすごい。今夜、こと座流星群がピークを迎えることになったわけです。

Chapter 14 マヤ暦の赤い月と白い鏡の日

マヤ暦の大先生であるSさんによると、マヤ暦において、きょうは赤い月と白い鏡という日らしい。

赤い月というのは、太陽の燃える火。

月は黄色いでしょう。でも、太陽に戻る日だから、赤い月です。

つまり、太陽と月が合体する、ひっくり返ることを意味しています。

白い鏡というのは、昨日の奄美大島の女性のお手紙に、月の剣を携えてあらわれるとありました。

それが白い鏡のことで、まさに全部予言されていたのです。

すばらしいことに、全部合致してきました。

昨日、私は食事を終えた後、ビールをいつもよりちょっとだけ控えめにして、夜の8時から11時の3時間、ここの素敵な女性にオイルマッサージをたっぷり受けて、最高のリラクゼーションを楽しみました。

「私、隠れていますからショーツ1枚になってください」と言われて、いつ飛び出してくるかわからないというお部屋の狭さで全裸になりました。

パンツをはいて、3時間たっぷりベガ星に行ってまいりました。

地球では、あっという間の3時間でしたが、ベガ星ではたっぷり過ごしたと思います。

きょうも受けます。あしたは夜10時から3時間、3連続です。

あした、Pちゃんが特別に粋な計らいをしてくれるのです。

それは夜のラストパーティーでみんな感想を発表したり、一発芸をやったり、楽しい夜になるでしょう。

その中で、映画「コンタクト」の、ブラックホールに入ってからベガ星で経験するという最後の部分を上映してくれるそうです。（拍手）

いかにこの砂浜がまさにそうかということを体験する、すてきな夜になると思います。ベガ星にしかできないサポートです。

Chapter 15
白いビキニのベガ星人

実は昨日、Nちゃんが悪いことをしたのです。

ドラマ「天国と地獄」の最終回の舞台になったホノホシ海岸へ行ったら、すごい波だったのです。

加計呂麻島のエメラルドグリーンのすごく穏やかできれいな海の後、ホノホシ海岸に行ったら、すごく激しい波でバーン、バーン、風がビューン、ビューン、力強くて日本にいるような気がしなかった。

こんなところにいられない、海に入ったら死んじゃうというようなところで、石井社長とNちゃんが海のほうに行って、姿が消えてしまった。たぶん、その間にブラックホールからベガ星の景色に移ったんだと思う。

私たち3人は彼らの姿を見失ってしまったのですが、その間に、いろいろ体験があったみたいです。

あの時期なのに、ホワイトの超ビキニをはいた女性と、もう一人、外国人のきれいな男性と、海のほうから2人で上がってきた。

私はこっちにいるのに、石井社長は私のほうを見ないで、じーっと女性を見つめている。

NはNで写真を撮りまくっている。

その写真をみんなに見せなさい。きれいな女性らしいよ。

石井社長は「泳いでいたんですか」と話しかけたんだって。

あんなところで泳いだら、普通の人間だったら絶対に死んじゃうよ。

これは実はベガ星人で、Nの心を読んで、ここにワープしてきたのです。

映画「コンタクト」も、主人公のジョディ・フォスターが一番望んでいる父親の姿になってあらわれた。

Nが一番望んでいる姿がこれなんです。

Nちゃんと石井社長が、何かベガ星から学ぶことがあるらしくて、彼らが二人に伝えたいらしい。

ヒカルランドだからというのもあるのかもしれないけれども、2人にフォーカスしてきた。

彼らの意思を全部読んで、彼らが一番すり寄ってくるであろう姿に変身したのです。白のビキニの超セクシーだった人。

その後、その女性は、クルマで10分ぐらいかかるところを瞬間移動してきた。

私たちが滞在するホテルの前の砂浜に、突如現れたのです。

コンタクトしに行こうと思ったら、消えたらしい。

邪念が入ったから。映画の中では慈悲深いお父さんになって学ばせていたけれども、Nはああいうスタイルで学ばせてもらった。

今、ベガ星人のコンタクトがすごいのです。

ベガのあること座流星群が最大になる。

だから、ベガがすごく近づいてきている。

彼らはこのタイミングを選んで来たのです。

エネルギーがどんどん高まってきた。これは設定してもできない。

私には女性が見えたけれども、女性と近くにいたPの姿を見失ってしまった。

ブラックホールに入って、映画みたいにクルクルと行って、そこで彼らはたぶん30年ぐらい過ごしたんだ。

そこで何をしたか、私に明かさない。

人に言えない生活をしていたらしい。

ベガ星人の特徴は、背が高くて半透明なのです。

彼らは密度を高めて人間に化けてきます。

石井　言葉も優しくて、「泳いでいたんですか」と言ったら、「そうです」と言って、やっぱりすごい波なんですって。

松久　しかも、突然海の中から出てきて、さらに、クルマもないのに突然消えたらしいから、ブラックホール、ホワイトホールで出入りしているらしい。

2人はすごいものを体験した。

きょう、いよいよ我々が出かけると、いろんなベガ星人と出会う可能性が高い。

そのチャンスを大切にしてください。

いろんな姿で、道に迷っているおじいさんのまねをしてくるかもしれないし、普通の青年かもしれない。

私たちに、何かメッセージを届けてくれるのかもしれない。

いよいよ準備が整ったということが一つ言えます。

今、奄美大島は天気が続くのは非常にレアらしくて、私たちが来る20日の前までは大雨だったらしいですよ。

まさに台風を見ても、角度を変えてグルッと避けていった。

Chapter 16 13人のグランドマザー会議

昨日、イブニングスクールの後、ＲＩＥさんが送ってきてくれた13人のグランドマザーの記事があります。

13人のグランドマザー、エネルギーの高い人たちがその土地を清めて、平和を実現させる祈りという行動で、先住民族を中心に、アフリカ、アジア、北米、南米の、言語、文化、伝統の異なる女性の長たちが集まり、グランドマザーたちが住まう大地を訪れ、祈りを捧げ、自然と人々を癒やすという会議が構成されています。

そのうちの一人のクララ・シノブ・イウラさんは日本人の両親を持つ日系ブラジル二世で、奄美大島が大事ということを感じ取ったらしくて、奄美大島を癒やしに来たけれども、大嵐になって飛行機が飛ばずに、全員帰ったということがあったのです。

それまでは、第1回はニューヨークで一堂が会して、第2回はアメリカ・プエブロ、第3回はメキシコ、第4回はインド・ダラムサラ、第5回はアメリカのサウスダコタ州、第6回はアメリカのオレゴン州、第7回はアメリカのセドナ、8回目の会議として、2010年10月に奄美大島が選ばれていたんだけれども、完全に失敗したという記事です。

Chapter 17 ベガのエネルギーのシンボルアニマルはヤギ

まさに奄美大島が受け入れるかどうか。とくに神のエネルギーで成り立っている場所です。

私たちが初日に見せつけられた立神があり、昨日も海岸に行ったらライオンの横顔のようなすごい岩があった。

ライオンの横顔はアルクトゥルスのエネルギーです。

実はNちゃんがベガの女性と遭遇した近くに大きな立岩があって、彼はなぜか知らないけれども、危険を冒して波を乗り越えて、その岩の麓に飛び乗ってしまったのです。

50メートルか100メートルぐらいある岩の一番上で、黒い鳥が飛び去らずに、彼ら2人を見つめてずっと鳴いていたらしい。

私はそれと同じ経験をしたことがあります。

一昨年の秋分の日にギザのピラミッドを開きに行った日、その直前にスフィンクスを開いたのです。

ギザのピラミッドの真横にあるスフィンクスは、半分ぐらい埋まっている。そのスフィンクスの頭に黒い鳥、おそらくカラスが乗っていて、私のほうを何時間もじーっと見ていた。それと同じエネルギーを感じたのです。

私は、今度『ステラ・スーパーアセンション』に書くのですが、カラスは、アンドロメダ銀河のエネルギーのシンボルアニマルなのです。

銀河を飛び越えてアンドロメダの見守りとサポートが入っている。

今朝5時ぐらいに、今回、我々を一番サポートするベガのエネルギーを読みました。

そのシンボルアニマルはヤギなんです。だから、ベガの土地にもヤギがいるわけです。あれは守り神なのです。

ホテルの人はわかって飼っているのか、知らずに飼っているのか知らないけれども、ここはベガの聖地だから、ホテルの敷地に、ベガの守り神がいるのです。

ベガ星人がいた浜にも、野生のヤギがよくいるそうです。

昨日、参加者が滝を見に行ったところにも、野生のヤギがいた。

宇宙最大級のサポートはアンドロメダから始まって、もちろん私はリラのエネルギーと共鳴しているので、リラ、ベガ、アルクトゥルス、シリウス、ネオシリウス、あらゆる強力な星たちのサポートと見守りを我々は受けています。

ここに参加した皆さんは、ベガの聖地に受け入れられて、ベガの神に仲よくしていただいて、ベガのエネルギーだらけです。

私が奄美大島はベガの聖地だと認定したから、ヤギはベガの使者です。

鹿は日本の神道の使者ですが、ベガはヤギだった。

ハトホルはヒツジです。時空間が違う。

ハトホルは、シリウスをポータルとして、ブラックホールを異次元移動の扉として出入りしています。

Chapter 18 奴隷社会から抜け出して、ずば抜けて生きよ

皆さん、地球で生きていて、お友達や家族に助けてもらいたいとか、アドバイスしてほしいとか、元気づけてもらいたいなどということは、ベガ星のサポートと比べたらどうでもいいことです。

地球では、自分一人では生きていけないという幻の世界を築いています。

家族がいないとか、友達がいないとか、社会のサポートがないとか、皆さんは思っている。

ベガ星人がとくに伝えたいことを一言で言えば、WAKE UP HUMANです。

本当に目を覚ましなさいと伝えてくれている。

次元上昇してエネルギーを上げるときが来た。

いつまでもエネルギーを下げる生き方をしていたのではダメだ。

典型的なのは、自分以外の地球の人間に自分をサポートさせようとすることは、エ

ベガとかリラ、アンドロメダのレベルから地球を見たときは、ズバリ言うと、人間のレベルはゴキブリがはっているようなものです。

彼らから見ると、かわいいゴキブリちゃんなのです。

生きるために必死でもがく。

ゴキブリがゴキブリを引き寄せて楽しいか。

ネルギーが一番下がります。

ベガとかリラ、アンドロメダのレベルから地球を見たときは、ズバリ言うと、人間のレベルはゴキブリがはっているようなものです。

彼らから見ると、かわいいゴキブリちゃんなのです。

生きるために必死でもがく。

ゴキブリがゴキブリを引き寄せて楽しいか。

ゴキブリは一人で生きています。

一人で生きていないのは人間だけです。

人間はゴキブリ以下ということになる。

ゴキブリは一人でたくましく、チャレンジャーで生きているのに、地球の人間だけが誰か人がいないと不安だとか、何かのグループ、社会に所属していないと不安だという意識が強過ぎる。

そういう意識から自分を切り離すには、こういう環境は抜群です。

昨日、アクティビティをやった人は、私も含めて、それはそれですばらしい気づき、学びを得たのですが、ホテルでぼーっとしていた人も最高です。

地球の形骸化した奴隷たちが操り、奴隷たちがはびこる社会から抜け出して、ベガの聖地でヤギに守られて、白いビキニのお姉さんに守られて、我々は至福の時を過ごしているわけで、ここにいると、皆さん、友達をつくろうとは思わないでしょう。

どこかのグループに入ろうと思わない。

自分があるがままに、今ここにいたらいいんだというのがわかる。

私たちは今、ブラックホールに入って高い次元の世界に来ているけれども、ホワイトホールでまた奴隷化社会に戻らないといけないかもしれない。

ひょっとすると皆さんは奴隷化社会はイヤだということで、自分の魂の選択で、この滞在中にブラックホールから高次元に行ってしまうかもしれない。

そういう人たちは、戻った人たちとは会わなくなります。

最近、あの人、音沙汰がないけど元気かなという世界に入ります。

それはそれでありです。

皆さんがどこに行こうが、それは自由です。

私は止めないし、アドバイスもしない。

奴隷化社会から去って、ブラックホールから超高次元に行くもよし、きょう湯湾岳に行っている間に、ベガ星人たちに「一緒に行きますか」と聞かれるかもしれない。

イエス、ノーは皆さんの自由です。

一番ずるいのは、「ちょっとだけ行って、戻してくださいますか」。

言うことを聞いてくれるかどうか、それだけ寛大なベガ星人かどうかわからないけれども、一つ言えることは、奴隷化社会に戻ったとしても、あなたは見本になるように、ずば抜けて生きなさい。

次元が変わるとどうなるかというと、私みたいに、群衆の中で一人だけ光るようになります。

だから、宇宙から見ると、すぐわかります。

私が、「ドクタードルフィンか、それ以外か」と言うのはまさにそのとおりで、私は飛び抜け過ぎて、私は誰からも見えないのです。

それくらい差がある。

それぐらい差がないと宇宙に選ばれない。

歴史上、ギザのピラミッド開きに誰もが失敗してきたが、私が成功させた。

グランドマザーは奄美大島開きに失敗したが、いよいよ私がそれを成功させます。

Chapter 19 伊豆下田でのドルフィンヒーリング

6月に伊豆下田の龍宮窟のリトリートをやります。

アジサイの群生で日本で最も人気のある伊豆下田で、私が龍宮窟を地球でナンバーワンのパワースポットにしました。

ナンバーツーがギザのピラミッド、ナンバースリーがオーストラリアのエアーズロック（ウルル）です。

全部、私が開いたのですが、龍宮窟はそれらの中で、飛び抜けてナンバーワンです。

龍宮窟のリトリートは年に3回やります。

河津桜の時期と、アジサイの時期と、紅葉の時期です。

私は龍宮窟の大事さがわかっているから、1年3回やります。それも死ぬまでやります。

いい加減にしたらエネルギーがすごくもったいない。

たまに出る人は出ないよりはいいけれども、私が開いたから恩恵をこうむろうと思って、自分単独や友達と行くのは恩恵があまりない。

私と一緒に行かないと超高次元の金白龍王は降りません。

下田海中水族館ではバンドウイルカが自然の環境で放し飼いされていて、とてもフレンドリーです。

バンドウイルカは、ラリマーの産地であるドミニカ共和国周辺に多くいて、日本では三宅島のあたりにたくさんいます。

私は三宅島リトリートをやりたいなと思っているのですが、片道数時間フェリーに乗らないといけない。

台風とか嵐が来ると診療に戻ってこれなくなる。

リスクが非常に大きいので、今のところ、やっていないけれども、そのうち行きたい。

ただ、龍宮窟リトリートに前回からドルフィンセラピーを入れました。ドルフィンヒーリングとも言っているのですが、イルカが人を癒やすエネルギーは最高で、人間以上に強いのです。

子どものＡＤＨＤとか自閉症、大人のうつを癒します。

イルカと一緒に泳ぐところまではいかないのですが、体の半分ぐらいは海に浸かって、イルカをなでることを毎回やろうと思っています。

イルカと一緒に泳いだ人がよく言うのは、この地球で生まれて初めて認めてもらえた、受け入れてもらえたということです。

結局、今の文明社会で何が一番足りないかというと、多くの人が受け入れてもらえていない。誰も受け入れられていないのです。

人間なんて脳の塊です。

脳の塊で生きている生命体が、人を受け入れることは無理です。

人に受け入れられることも難しい。

そういう原則を知っていないといけない。

脳を持った時点でダメなのです。

高次元の高尚なことはできない。

最初から諦めていれば、期待しない。

失望しないから落ち込むこともありません。

人間の一番のミステークは期待してしまうことです。

期待がそのままうまく実現するのは高次元のお話です。

脳を持った社会は自分の都合のいいことしか考えていないから、奴隷化させられてしまうのです。

あなたを受け入れることができるのは、イルカだけです。

だから、そういう体験をしましょうというドルフィンセラピー、ドルフィンヒーリングです。

今から流すのはイルカの声です。（イルカの声のCDを流す）

イルカの声を聴いてリラックスしてください。

皆さんの魂を癒やしましょう。イルカの声と水の音です。

イルカの声は人間のように声帯から出しているのではなくて、超音波です。

非常に高周波であって、彼らは意思疎通をそれで行います。

人間は脳を通した周波数（バイブレーション）で、言葉とか文章に変えて意思疎通をします。これは次元が全く違います。

イルカたちは人間と触れ合うことによって、その人間がどういう思いをしているのか、どういう悲しみを持っているのか、どういう感情を持っているのか、何を望んでいるのか、一瞬で読んでしまいます。

あなたもそういう人間になり得る。

あなたがイルカのように振動数、周波数、波動を上げることができれば、一瞬で人との交流もできるようになる。

ただ、相手がそういうレベルでないから、あなたが発信塔になって、そういう人間をつくっていく。

あなたの言葉とか文章という脳を通した偽りの道具は、高次元の宇宙から見ると低次元道具です。

超音波とか、超音波をはるかに超えるもっと高い周波数での意思表示は、地球の裏側にいても、100億光年離れていても、一瞬で交流ができる。

もちろん、空間のブラックホール、ホワイトホールを使うことで、どこへでも一瞬で行けます。

よく宇宙学者が、何万光年離れているから、あれは何万年前に出た光だと言いますが、あれは間違いです。

今、地球上でドクタードルフィンが初めて言います。ベガの知識です。

光のブラックホールに入って、ホワイトホールから出てきていますから、今の光が一瞬で届きます。

本当に地球人は間違っているのです。

ＵＦＯも、エネルギーを一瞬でホワイトホールで飛ばして、地球に近寄ったらホワイトホールから出てきて、半透明、半物質化しているものが物質になって出ているから、一瞬で来ることができます。

ＵＦＯで長い旅をするのではありません。

しかも、太陽系の惑星の高熱帯のところでロケットが燃えてしまうから、そこを通り越したところでホワイトホールで出てくるのです。

全く無害なのです。

Chapter 20 今こそ僕らの夢に気づくとき

この後、いよいよ行きますよ。

まず、マテリヤの滝。RIEさんが案内してくれます。

マテリヤの滝もパワースポットらしい。緑のエネルギーなのかな。

その後、行く湯湾岳は、世界の最高パワースポットです。

昨日のお手紙にも書いてあったように、世界中の名立たるパワースポットと同じ北緯28度にあります。

RIEさんは、そこは宇宙と一番つながる場所ではないかと言っています。

その宇宙とつながる場所でベガを完全に降ろして、それによってベガがつくった第6代ムー王朝を次元上昇させて、生まれ変わらせ、再誕させるというお仕事です。

その前に、マテリヤの滝で月と太陽をひっくり返します。

その後、湯湾岳の頂上で、ベガのサポートのもと、高次元宇宙とつながって、ムー王朝を出させるということで、奄美大島が完全覚醒して、ベガ星から見ると、地球で奄美だけが光る状態になります。

いきものがかりの「ぼくらのゆめ」という歌です。（曲を流す）

ひょっとしたら私たちがこの地球に生まれてきたのも、僕らの夢をかなえるためかもしれません。

僕らの夢とは何か、今まで知らずに生きてきてしまいました。

今こそベガのサポートのもと、彼らが僕らの夢を思い出させてくれる。

僕らの夢を体験するときが来ました。

僕らは自分たちの夢に気づくと、勇気を持って旅立てるようになります。

きょうは、ベガの神様に会いに行きます。

それはロマンスの神様かもしれません。広瀬香美、「ロマンスの神様」。（曲を流す）

さあ、みんなで幸せになりましょう。

幸せになる奇跡のときがやってまいりました。

広瀬香美、「幸せになりたい」。（曲を流す）

はい、出発進行！（拍手）

Section Ⅳ

第6代ムー王朝の聖地にて

ドクタードルフィン
奄美からのムー再誕
湯湾岳にて
—スーパー合宿スクール・リトリート—
（2021年４月22日）

Chapter 21 小さな祠の前で

「山の神」と書いてありますが、私は、さっきストーンサークルのところに入ってきたときから、手にパッとシグナルが来ていて、ここは第6代ムー王朝に関係があるというのはわかっていました。

私は初日にRIEさんが第6代ムー王朝の女王だったということを読みましたが、ここはその女王のお墓なのです。私が読むと約70万年前、69万年前でも71万年前でもない、70万年前に、女王は絞殺されています。

RIEさん、時々息苦しいことはありませんでしたか。あなたはこれで癒やされます。

これから行くところは、ムー王朝があったところではないかと思っていますが、行ってみないとわからない。

ここは、70万年前に、侵略者たちに気づかれないように、あまり目につかないところに女王を葬ったお墓です。だから、ＲＩＥさんは、なぜかわからないけれども気になっていたのです。

そこで私が祈るということは、女王の魂を完全に癒やすことになります。これはＲＩＥさんが奄美に呼ばれた意味でもあるし、私がここに呼ばれた意味でもあります。すごいことが次から次へと明らかになります。

このお墓は70万年前から引き継がれてくる間に、誰のお墓かも言い伝わらなくなり、最近、この形になりました。掘り起こされないように、あえて教えなかったということもあります。

ムー王朝の祠の前でドクタードルフィンとRIEさん

70万年前の第6代ムー王朝の女王を葬ったお墓

Chapter 22 第6代ムー王朝の女王を癒やす

女王のエネルギーを少し癒やします。ベガのエネルギー、この世に降ろされた第6代ムー王朝、約70万年前に栄えた。やはり愛と調和は妬み、嫉妬、そういったものに勝てないと思い知らされた。相当妬まれた女王であった。

風が来たね。女王がうずいてきたね。いよいよ、待ってました！　ということだ。非常にお美しい、心のきれいな女王だったけれども、それを妬まれて、疎まれて絞殺された。誰にも気づかれずに、誰にも祈られずに、寂しさと悲しさと怒りがあったのです。ドクタードルフィンがここに参上しましたから、祈って癒やさせていただきます。

（ドクタードルフィン、祈りを捧げる）

高次元ベガのエネルギーよ。今ここに再び復活したまえ。復活したまえ。ここに眠りし怒りと悲しみの第6代ムー王朝女王を癒やしたまえ。

大変おつらい思いをされましたが、今ようやく準備が整いました。ドクタードルフィンのエネルギー開きのもと、弥勒の世が予言どおり、今、開かれようとしています。宇宙の社会も全て私が書き換え、全ての宇宙のサポートも取り付けてあります。

よって、あなたが癒やされて、あなたは弥勒の世の推進、愛と調和のレムリアのエネルギーを再興させる、あなたに蘇っていただくことが宇宙の要請でございます。

この後、あちらの山でムー王朝を完全に再興させますが、まずあなたが蘇らないといけません。あなたの魂を地球に、宇宙に放たせていただきます。

あなたのおつらい思いが癒やされ、悲しみが癒やされて、まさに輝く魂となりたまえ。レムリア王朝の世を導くあなたよ。輝く美しいエネルギーとして復活したまえ。

復活したり！

こちらにムー王朝第６代王朝の女王を現代に引き継ぐ、あなたの魂をパラレル過去生として引き継ぐ女性を連れてまいりました。どうぞ彼女を見守りたまえ。

彼女が私とともにこの世で果たすべき役割が幸福でありますように。ムー王朝の第１代から第15代全ての、そしてレムリア、シリウス、プレアデス、アルクトゥルス、ハトホル、ベガ、リラ、アンドロメダ、それ以外の全ての宇宙のサポートが我々に降り注ぎますように。

皆さん、手を合わせましょう。謹んで癒やしと復活、再誕をお祈りします。頭《こうべ》を垂れます。

（参加者全員で祈る）

女王、復活したり。復活！

小鳥が女王の復活を祝福いたします。バンザーイ、バンザーイ、バンザーイ。（拍手）（小鳥たちがさえずる）

あなた、この前に立ってごらん。何を感じる？　今、昔に意識エネルギーをフォーカスすると、胸元、首元がちょっと詰まる感じが出てこない？　祈りを捧げていくと、スーッと溶けていくと思う。

ＲＩＥ　ありがたいです。

松久　あしたは23日。きょうはこと座流星群。この日にここに来ることは決まっていた。

小鳥のさえずりと、この木の葉たちの声がよかったね。

ムー王朝の女王の再誕の祈り

祈りを捧げ魂が癒されていく RIE さん

Chapter 23
２本の木の前で

私は、あの木のところに行ってみます。

（２本の木のエネルギーを読む）

こっちが陽のエネルギーで、こっちが陰ですね。こっちが太陽のエネルギー。

今まではこれがひっくり返っていたけれども、つい先ほど、私が太陽と月を入れかえたので反転した。こちらが太陽、こちらが月、正規のエネルギーです。ちょっと触れると、温かさ、涼しさがわかると思う。触れたい人はどうぞ。

（参加者、２本の木に触れる）

さっきまで入れかわっていた。まだ反対のエネルギーも持っているけれども、今、急激に真の姿になりつつある。

Chapter 24 ムー王朝エネルギーの祠の前で

来たよ、来たよ。ベガのリーチャ、ベガのリーチャ、ベガのリーチャ。

（ベガのエネルギーを受ける）

今、ベガが舞い降りてきた。私の目の前にＵＦＯ型のグリーンをボンと見せつけてきた。ここは、言うなれば、ベガのＵＦＯの発着地である。いにしえからベガのエネルギーが物質化して、ここへ舞い降りてきた。

70万年前は、ここは第６代ムー王朝で最も大事にされた神聖な場であった。まさにベガとの交流によりムー王国を築いて、成り立たせてきた。ムー王国はヤギだらけだった。第６代ムー王朝は23代まで続いた。ここでいつも最高の祭典と祈りが行われた。

その当時は、まだ天照大御神《あまてらすおおみかみ》が降りていなかったので、ベガと直接交流をしていた。その後、23代が滅び、寂しくなった。

そして、約10万年前に、イザナギ、イザナミがここに降りました。シレニク、アマミコという別名になっています。天照大御神も降りた。天照大御神と月読神《つくよみのかみ》。月と太陽がひっくり返ったがために、ここもエネルギーをずっと閉じられていて、この日が来るのを待っていたそうです。

そういうことなので、私、ドクタードルフィンにベガのエネルギーを降ろして、次元上昇して、ついに誰もがなし得なかった第6代ムー王朝を癒やし、ここで祭典が行われたあの次元を完全に再現します。それにより、月と太陽が正しく本反転したために、ここにベガがパッと光の柱を立てます。

その瞬間、選択です。あなたはそのブラックホールを通してベガに行って、一生ベガにお世話になるのか。ちょっとだけ遊びに行っていいかなと、ずるいことをやるのか。それとも、まだここで祈ったままでいるのか。

流し、流し、流し、ベガのエネルギーを。

準備は全て整った。ベガのエネルギーよ。ここを異次元にいざないたまえ。湯湾岳にかつての栄光ある第6代ムー王朝を復活させたまえ。苦しむ者、悲しむ者、罪を負った者、いろんな立場があったけれども、全ては役割なり。全てが救われるときが来たぞ。

ここに来た者は、全て奄美のムー王朝に何かしらの形でかかわりのある者である。

第６代ムー王朝のエネルギーを宿す祠

第６代ムー王朝に挨拶するドクタードルフィン

ベガのエネルギーを降ろす

第６代ムー王朝の復活と祝福

月と太陽が本反転した今、まさに宇宙の大注目が全てここにフォーカスされた。宇宙の中で地球が光る。今ここが地球の光となる。ここだけが地球で最高に光り輝くときが来たぞ。

ベガのエネルギーよ、舞い降りろ。そして、ここに眠りし第6代ムー王朝よ。このゼロ秒、この瞬間に復活し舞い戻れ！　ハーッ！

（ベガのエネルギーに祈る）

リアル参加された方々、オンライン参加の方々よ。あなたたちは今、宇宙の中で最も祝福された存在です。あなたたちの役割、お仕事による貢献を、ベガを代表して、また、宇宙全体が御礼を申しています。すばらしき貢献、働き。あなたたちの魂、人生に栄光あれ。

プワッ、トットットットトト……、プワーッ、トットットットトト……。フォッフォーン、ウクカモフォン、フォンフォン。

前から後ろを押すぞ、押すぞ、押すぞ。すごい重圧が前から後ろに行くぞ。受け止めてやってくれ。オー、ポーン、ポーン、ポーン、ポン。祝福を受けたり。こちらの月と太陽、お喜びさま。

Chapter 25 二神降臨之霊地の石碑の前で

こちらはイザナギとイザナミ、シレニクとアマミコです。イザナギ、イザナギ、それを守りたまう天之御中主神《あめのみなかぬしのかみ》、そしてそれを統括する私のエネルギー、大宇宙大和神《おおとのちおおかみ》、アソビノオオカミ、全てこの地に戻りたまえ。奄美を日本の光にしたまえ。日本全体を光らせたまえ。地球の光となり、宇宙に輝かせたまえ。

そちら（広場）に第６代ムー王朝の魂たちが戻ってきています。ＲＩＥさんの過去生も戻ってきています。自分のパラレル過去生が戻ってきています。自分を許して、自分を称えて、ともに踊るときがやってきました。

（広場に移動）

ここでぐるーっと大きな円になってください。

二神降臨之霊地の石碑の前で

Chapter 26

再誕するムー王朝の前で

屋根の上の鰹木《かつおぎ》は、左に太陽、右に月、真ん中に天があります。天とはベガのことです。

しかし、その下には、左に月、右に太陽となっており、屋根の上とは逆になっています。偽りの世界がこんなに大きくなって出ていたということです。偽りの太陽と偽りの月。パッと見たら、ここしか見えないでしょう。偽りの太陽と月ばかり見て、生かされてきた。

でも、天を見たら、ベガのエネルギーのもとに本物は逆になっている。そういうことを物語っている。すごいストーリーがここに隠されていたわけです。これを見ても、人類は誰も気づかなかった。

私、ドクタードルフィンはやりましたよ。ありがとう。（拍手）カモーン。

「赤い月と白い剣が降りる」と言っていた。

屋根の上は左から太陽、天、月を表す鰹木

屋根の下は左から月、天、太陽と逆になっている

月は色がないけれども、実はこれと融合したから、月が赤くなってしまった。白い剣が降りると、ここにまさに物語が書いてあった。すばらしい。（拍手）

ここに、マヤ暦の白い鏡もある。

そして、最後に祠の横にある広場（第６代ムー王朝の祭事場と考えられる）で、第６代ムー王朝開きを祝うセレモニーを、参加者全員が円になって執り行いました。

ベガを象徴する真ん中の天

横から見たところ

祠の前のヤギとドクタードルフィン（上と下）

広場で円になりセレモニーを行う

Section V

聖なる旅の目的、成就へ!

ドクタードルフィン
奄美からのムー再誕
イブニングスクール
—スーパー合宿スクール・リトリート—
(2021年4月22日)

Chapter 27 奄美大島のエネルギー開きで宇宙が大喜び

きょうは、まさに私が今回ここへ来た目的どおり、ＲＩＥさんの導きのもとに、大仕事を達成しました。

ＲＩＥさんが奄美大島にいて、私がここへ来てエネルギー開きをしないと事がなされなかったということが、今、判明しています。

おかげさまでそれが成就した。

皆さんと時空間をともにしていただいたおかげだと感謝しております。

私が感謝するだけでなく、地球上の全ての生命、宇宙の社会たち、ステラソサエティたちが皆さんに非常に感謝しています。

どうしてかというと、今回、ここを開いたことで、私たち人類が次元上昇して恩恵をこうむるだけでなく、地球に存在する全ての生命、海であり、山であり、植物、プランクトン、微生物、ウイルス、細菌、昆虫、動物、全てが恩恵をこうむったことになります。

つまり、今回、地球が次元上昇することになったわけで、宇宙自体がうれしいわけです。

今まさに太陽系が銀河系の中で大きく次元上昇することが、宇宙の中で求められています。

地球が鍵を握っている。地球がなかなか次元を上げてこなかった。

今回の出来事で一気に次元上昇することができました。

それによって、太陽系が一気に次元上昇する。

それとともに、天の川銀河が一気に輝きを増しました。

そして、アンドロメダとか、その周囲の銀河たちが恩恵をこうむって、宇宙自体の次元が上がって、それぞれが「楽で愉しい」状態になった。

宇宙的なセレブレーションになりました。

宇宙が大喜びするということで、それに携わった私を含めて皆さんは、宇宙から感謝とご褒美を受け取ります。

これが大きいわけです。

地球のどんな億万長者のサポートや国のサポート、社会のサポート、お役所のサポつまり、今回、地球が次元上昇することになったわけで、宇宙自体がうれしいわけです。

今まさに太陽系が銀河系の中で大きく次元上昇することが、宇宙の中で求められています。

地球が鍵を握っている。地球がなかなか次元を上げてこなかった。

今回の出来事で一気に次元上昇することができました。

ート、友人のサポート、家族のサポートなどと比べることは到底無理な、次元の高いサポートが得られることになります。

きょう、４月22日午後10時から朝方まで、こと座流星群がピークで見られるそうです。多ければ１時間に90個ぐらい見られる。

こと座の中でも、ベガ星は最も輝きの強い恒星であり、青白いもの、グリーンのものがあると思います。

きょうは、グリーンがキーだったのです。

おととい、ＵＦＯやグリーンレインボーが出ました。

それはもちろんベガ星の色でもあるのですが、ベガはどちらかというと青白いグリーンなのです。

きょう、バスの中で出たパープル（紫）は、有名なセント・ジャーメイン（かつて地球上に生きた高次元の存在）のバイオレットフレームで、全てのネガティブを浄化してくれる、あなたに不必要な全てのネガティブを燃やし去ってくれるというエネルギーでした。

私が３年前に行った壱岐《いき》島のエネルギー開きのときも、バスにパープルが出ましたが、あんなに長い時間、ともにいなかったですね。

バス移動中に現れたセント・ジャーメインのバイオレットフレーム

30分ぐらいでした。きょうは最後までずっと出ていました。

あれだけディープなパープルを見せつけられた。

パープルは浄化の色、ＤＮＡコードでいうとセント・ジャーメインのコードです。

今度、新しく進化したＤＮＡコードの本をヒカルランドから出してもらいますので、見ておいてください。

超高次元の星リラは、宇宙の中では最も進化していて、個の生命を持たない集合体の生命なのです。

私はプリラという生命体と共鳴していて、集合意識を統括しています。まさに愛と調和の最も強い祝福に包まれていたわけです。

きょうはクロアゲハもたくさん出たし、カラスがたくさんいたと思います。カラスとクロアゲハは実はアンドロメダ銀河です。

Chapter 28 進化するほど暗くなる

さらに、スピリチュアルの世界や宇宙では、よく光、光と騒ぐのです。光がよくて、闇がよくないと思い込んでいる人が多いと思うのですけれども、実は宇宙の中で太陽系では光があったほうが進化度が高いのです。

太陽系を飛び越えて、シリウスぐらいまでは光の国なのですが、アルクトゥルスになると、光はそんなに強くないのです。

ただ振動数が高いだけです。

振動数が上がっていくと、あるところまでは光が強くなっていきます。

でも、光の振動数を超えてしまうと、光としてはどんどん暗くなっていきます。

進化すればするほど暗くなっていくのです。

アルクトゥルスは暗くなって、さらにこと座のベガは、恒星で一番光ってはいるのですが、実はあれは反射しているだけで、自分自身が光っているのではない。

実は宇宙の中で太陽系では光があったほうが進化度が高いのです。

太陽系を飛び越えて、シリウスぐらいまでは光の国なのですが、アルクトゥルスになると、光はそんなに強くないのです。

ただ振動数が高いだけです。

おそらく振動数はすごく高いのですが、自分自身は光を持たない。

リラになると、ほとんど光はないです。

アンドロメダ銀河は、ほとんど闇です。

光がなくて真っ暗です。それで超高次元の社会です。

光は、ある次元までは必要です。

ある次元までは光が皆さんを誘導し、皆さんの進化をサポートするけれども、あるレベルまで行くと光を必要としなくなってきます。

例えば炭素系の地球生物は、光がないと光合成できないし、酸素を生み出せない。

もちろん、酸素を受け取れない。

もう一つは、ＡＴＰ（アデノシン三リン酸）という、私たちのエネルギーそのものの物質、酸素とグルコースでできるものが、光がないと生み出されないわけです。

要するに、大宇宙の中で光を必要とする生命体は、どちらかというと次元がそんなに高くないのです。

私たちがどんどん珪素《けいそ》化していき、炭素が珪素になってくると、体がどんどん水晶になって、光を必要としなくなります。

闇の中でも十分生きていけるようになるわけです。

こと座のベガは、恒星で一番光ってはいるのですが、実はあれは反射しているだけで、自分自身が光っているのではない。(中略)
リラになると、ほとんど光はないです。
アンドロメダ銀河は、ほとんど闇です。
光がなくて真っ暗です。それで超高次元の社会です。

ただ、光が当たればレインボーに輝いたり、水晶が非常にきれいになります。
しかし、光を必要としない生命体になります。

Chapter 29

シリウスとプレアデスの融合

アンドロメダのシンボルアニマルはフクロウとクロアゲハです。

クロアゲハは、このリトリート中、私たちの周りをたくさん飛んでいました。

そして、きょう、カラスが非常にたくさん飛んでいた。

日本神道は、地球上、最も高い宗教エネルギーを持ちます。

ユダヤが生んだキリスト教、イスラム教、仏教等がありますが、神道のシンボルアニマルはヤタガラス、3本足のカラスです。

カラスは、人類を宇宙の高次元社会に導く役割をもちます。

カラスをシンボルに置いているということは、日本がいかに高い宇宙とつながっているかということがうかがえます。

リラのシンボルアニマルはクロヒョウです。

光が当たるとゴールドのヒョウになります。ベガはヤギです。

神道のシンボルアニマルはヤタガラス、3本足のカラスです。

カラスは、人類を宇宙の高次元社会に導く役割をもちます。

カラスをシンボルに置いているということは、日本がいかに高い宇宙とつながっているかということがうかがえます。

だから、今回はベガのエネルギーが非常に強かったということになります。

アルクトゥルスはライオンです。

シリウスは、イルカとか、ドラゴンとか、いろんな動物があります。

プレアデスはフェニックス（不死鳥）、鳳凰《ほうおう》です。

まさに龍の時代から鳳凰の時代になったと言われていますが、これはどういうことかというと、シリウスとプレアデスが融合したということです。

それぞれお互いが敬意を持って仲直りした。

プレアデスはテクノロジーと知識が強く、以前はそれを破壊に使っていたのですが、今、地球のテクノロジーがＡＩ等で非常に進化してきているのは、プレアデスのエネルギーなのです。

プレアデスもようやく物質テクノロジーでなくて、精神性、目に見えないものが重要だということがわかってきました。

それが「風の時代」という流れで、シリウスのエネルギーはもちろん強いまま、プレアデスが乗ってきた。

リラのシンボルアニマルはクロヒョウです。
光が当たるとゴールドのヒョウになります。ベガはヤギです。
（中略）
アルクトゥルスはライオンです。
シリウスは、イルカとか、ドラゴンとか、いろんな動物があります。
プレアデスはフェニックス（不死鳥）、鳳凰です。

Chapter 30
23という数字がキーになる

風の時代の中で、まさに宇宙の構成も変わり、大きく宇宙の次元が変わり、23という数字がキーになるとは、まさか予想もしていなかったです。

いつもキーになるものはいろいろ出てくるのですが、昨日、奄美大島宇検村の70歳の女性からもらった手紙は非常に重要でした。

あれはまさにベガからの贈り物です。

あの女性は、おそらくベガ星出身の方ではないかと思っています。

「23」がキーになるということがいろいろ書いてありました。

あしたは4月23日です。

今夜からあしたの明け方まで、こと座流星群が現れて、いよいよ地球がまさにひっくり返ることになります。

宇宙を書き換えた時点で、「地球のちゃぶ台返し」が行われる状態になったのです。

今夜からあしたの明け方まで、こと座流星群が現れて、いよいよ地球がまさにひっくり返ることになります。

宇宙を書き換えた時点で、「地球のちゃぶ台返し」が行われる状態になったのです。

私がステラ・スーパー・アセンションさせたことで、地球が完全にひっくり返る。

月も完全にひっくり返り、裏が表になります。

私がステラ・スーパーアセンションさせたことで、地球が完全にひっくり返る。月も完全にひっくり返り、裏が表になります。

あした、地球は完全にひっくり返ることになります。

そうすると、どうなるのか。

こんな時期に緊急事態宣言を出したり、愚かなことをやっている人類、都知事を含め、県知事たち、お役人、内閣は、私から見れば、まさに自分の命をみずから奪おうとしているかのような、あと一歩で落ちそうな崖のふちに立っている人たちばかりです。

私は、きょうの夜中の12時、23日になった時点で、崖に立っている人間を全部蹴り落として、地球から一掃しようかなと思っています。

だから、皆さんも勇気を持って、そういう人が目の前にいたら蹴り落としましょう。

「ワン・ツー・スリー・ポン！」で、何も考えずに蹴り落とす。

奈落《ならく》の底に落ちていただいて、グッバイ。

ホワイトホールから、またもがく地球に帰ってもらうわけです。

皆さんは大丈夫です。美しい地球が待っていますよ。

皆さんは自分からブラックホールに飛び込むのです。

そうすると、まさにベガ星が、あなたが望む地球をあなたにプレゼントしてくれるでしょう。

何はともあれ、今回のリトリートの参加者は23人です。

四国のリトリートツアーも13人からふえなかった。

私のリトリートは、いつも30人、40人、50人と簡単にふえるのです。

もちろん、新型コロナのご時世がかなり影響はしているのですが、ドクタードルフィンの仲間はそんなことにビビッていてはいけないのです。

そういうときこそ立ち上がらないといけない。

それなのに、去年10月の四国のリトリートも13人からふえない。

しようがないということでやったわけですが、それが最後の晩餐会だった。

石井社長はユダのお役割をした。

あれは裏切りでなくて、裏切り役をジーザスからお願いされて、それを見事に成し遂げた。

ユダが誤解されてきて、まだ救われていなかったので、あのイベントで魂を救ったということで、本『空海・龍馬とユダ、復活させたり』（ヒカルランド）にも書きました。

今回の参加者は23人です。

23に意味があるなんて思わなかったのですが、ベガ星人の女性のお手紙で、23の意味を見せつけてくれた。

村長が23票差で当選し、奥様の名前が二三代で、上皇も天皇も23日生まれで、うれしかった。

Chapter 31 第6代ムー王朝の22代女王と23代女王

きょうは5日間のツアーの真ん中の日で、一番メインの日でした。

まさにきょうのためにこのリトリートをやったと言ってもいいでしょう。

ＲＩＥさんが、「先生、お墓があって、不思議なところがあるんです」と、私を連れていこうとする。

きょう行ったところは、二つとも観光客があまり行かないところです。

観光客が行くようなところにＲＩＥさんにわざわざ連れていってもらう必要はないわけで、それはオプションのツアーで行けばいい。

ＲＩＥさんにあそこのお墓に連れていってもらったら、後ろにご神木があった。

お墓は傾いていて、つらい状態でしたが、お弁当を食べた場所であるストーンサークルらしきところに入った途端に、私は宇宙シグナルを受け取るレセプターの感度がビリビリと反応しました。

宇宙シグナルを受け取ったストーンサークルらしき場所

それだけで私は喜びました。

ここは第6代ムー王朝と非常に強い関連があるとわかったわけです。

皆さんがお弁当を食べたところで、ムー王朝もあそこでピクニックをしてお弁当を食べていたのです。

皆さんは、ムー王朝人たちがやっていたようなことを、きょうやっていたわけです。

ある方は、雨で濡れた石に座り、お尻を濡らしたでしょう。

あれはムーが喜んで涙を流して、その祝福を受けたのです。

あのムー王朝の楽園は、私が好んで遊びに来ていた場所です。

先述のように、ＲＩＥさんは第6代ムー王朝の最後の女王だったというのはリトリート初日の夜に読んだのですが、第6代王朝は23代続いて、最後の女王がＲＩＥさんだったのです。

ムー王朝はずっと栄えてきて、最後にピークを迎えました。

愛と調和そのものの本当にきれいな国でした。

女王は民衆の憧れの的でしたが、だからこそ妬みや嫉妬が強烈に育ってしまった。

レムリア系とかムー系は女系王朝だったみたいで、女王が女王を産んで引き継いでいったのですが、実は私は22代の女王で、かわいい娘が生まれて、手塩にかけて優しく育てました。

ウソをつく娘に育てた覚えはないのに、きょう、階段でばてている私に対して、「頂上は、すぐです。すぐです」と、ウソばっかり。（笑）

後ろから母親に厳しい試練を与えてくれました。

でも、親子だから許しちゃう。

最後は愛と感謝で「ありがとう」と言いました。

あのお墓で私が読んだら、第6代ムー王朝、隆盛期の最後の23代女王は、毒殺でも刺殺でもなく、絞殺されています。

でも、絞められているときに、「これで世が救われるなら」と死んでいったのです。

この世では全部忘れてしまっていたのですが、あそこでお祈りしたとき、ＲＩＥさんは何か感じたでしょう。

後でちょっと話をしてもらいます。

お祈りをしたとき、後ろの木がご神木ということで、あそこには月と太陽のエネルギーが宿っていて、それが、今回、本来の太陽と月に戻ったということです。

お弁当を食べたところは最後の23代女王さんのお気に入りの場所で、よく遊びに来ていた。あそこで動物と遊んだり、野鳥のさえずりを聴くなどして、時間を過ごしていた。

2本の木のところは非常に穏やかな場所で、女王が大好きな場所だったので、ムー王朝を滅ぼした人間たちにばれないように、あそこに埋めたのです。

2本の木があそこを守っている。月と太陽がお墓を守っているという感じです。

私もそこまでのつもりだったのですが、ある方がいろいろ読んでほしいということを私に言ってきたので、読まざるを得なくなりました。

あそこでやめておけばよかったのに、読んでいったので、私が母親だということが読めたのですが、誰が最後のムー王朝を滅ぼしたかということが、まさにビビビッと宇宙から降りてきた。

レムリア王朝を最後に沈めた人であり、琉球王国を最後に滅ぼした人であり、ジーザスを裏切った役割を持った人、石井社長です。(拍手)

後で感想を言ってもらいます。

実は、石井社長は汚いことに自分は手を染めないというずるいところがあって、人をうまく言いくるめた。自分に惚れてしまうタイプなので、自分がやっていることが世の中を本当によくすると思っていたのです。

それに一番洗脳された方がこの部屋の後ろに座っている第一の家来で、その人が女王をやれとT氏（参加者の一人）に命令したわけです。

それで一生懸命に首を絞めたのです。

お役目のためにつらい思いをしていただいて、ありがとうございます。

そのときに第一の付き人で、女王を守ろうとしたのがNちゃんですが、守れなかったのです。

でも、ここにはオチがあって、Nちゃんは23代女王のときは女王の付き人でしたが、22代女王のときは反対勢力の戦闘隊長だった。

だから、実はムー王朝を滅ぼそうとしていたのですが、22代女王である私に惚れてしまって、私を寝取ろうとしたのです。

でも、結局うまくいかなくて、牢獄に入れられるわけです。

それで女王に悪いことをしたと反省して、次の代になったときに彼は生まれ変わって、23代女王を守る。壮大なストーリーになりました。

T氏も、23代では悪役をやりましたが、22代女王である私を守ろうとして、寝取ろうとした悪役（N）を退治してくれた。

いいこともしているのですが、T氏は王朝の中であまり評価されなかった。

それでちょっとひねくれてしまって、23代は悪役のほうに生まれて、最後に手を下してしまったのです。

Chapter 32 湯湾岳でムー王朝を完全に開く

今回、最後にRIEさんの女王としての悲しみとか悔しさが癒やされて、いよいよ湯湾岳に登りました。

昨日ベガ星の女性がくれた手紙にありましたが、湯湾岳は北緯28度上にある世界中のそうそうたるエネルギースポットの中の一つです。

湯湾岳の鳥居をくぐったら、私は大分・宇佐神宮と同じエネルギーを感じました。

私が宇佐神宮を開くか開かないかで、弥勒の世に向かうか向かわないか方向づけされる非常に重要なイベントだったので、命がけでやりました。

メディアが食いついていった。

昭恵さんはその重要さをわかっていたから、一緒に行ったのです。

いずれにしても重要なイベントだから、50人で、当時の総理の夫人まで行って、あれだけ騒がれた。

あの御許山《おもとさん》の上の奥宮の雰囲気がそっくりでした。

湯湾岳よりもっと広い感じですが、エネルギーが非常に似ていたと思います。

そこでムー王朝を完全に開いた。すばらしい。

皆さんに一緒に行っていただけたことは大変光栄に思うし、皆さんは自分に誇りを持てると思います。

行動をともにしたということは、皆さんは大宇宙から非常に注目され、祝福され、感謝される存在になるということです。

その前に、月と太陽を本当の姿にひっくり返すことができました。

あそこも、あんなストーリーが眠っていたなんて、まさか夢にも思わない。

月と太陽の逆、あれが太陽と月の本当の姿だったわけです。

あれを戻しに行って、最後は融合させた。

写真では、私の体が光って、光のように消えかかっています。

すばらしい日を本当にありがとう。

Chapter 33 RIEさん、石井社長、Tさん、Nさんの感想

RIE　きょうの山の神様（P137）を教えてくれた島の友達が、きょう、先生が来て開いてくれているんだと言ったら、喜界島《きかいじま》の大本教《おおもときょう》が守っている場所が、もうそろそろ開かれるんじゃないかと感じていると。

松久　これだけのことをやれば、感じるね。

RIE　きょうは本当にありがとうございました。

皆さんが奄美に来てくださるということで、私はアテンダーとして、先生を初め皆さんをどこにご案内しようかなと思った。

奄美も広いのでいろいろいい場所があるんですけれども、即座に湯湾岳だなと思って、スタッフさんにご相談しました。

何でということはないけれども、ここに行こうと決めていたところに行けて、まさかムーの時代につながっていたというのは、本当にびっくりでした。

RIE さんとドクタードルフィン

女王というのは今もまだかみ砕き中で、いろんな感情がごちゃまぜなんです。

自分だけのことというよりも、あその祠の前に立って感じなさいと言われて、感じたときに、本当にありがたいということがすごく湧いてきた。

亡くなったときも、憎いとか悔しいとかそういう思いが一切ない人だった。

先生がおっしゃったように、これでよかったんだとすごく思っていました。

きょう皆さんが来てくださったことで、一人一人の中にあるものを、今、思い出してくださいというメッセージが、ありがたいという中にすごく湧き上がってきたのです。

言葉で伝わるものではなくて、いつも

先生が言っている、波動で感じるということがすごく降ってきたので、きょうの夜でも、家に帰ってからでも、パッと思い出すものを皆さんの中に感じて、今思い出してくださいということを伝えたいと思います。

松久　RIEさんの人生はもともとすばらしかった。

絵の能力とか、人生そのものがアーティストで、エネルギーのアーティスト。人を喜ばせる、感動させる力が強かったけれども、それに一層の磨きがかかるね。

それは大宇宙からあなたへの祝福。

あなたがしかるべき人生を過去に生きてきたから、今回プレゼントされた祝福だと思うので、ぜひまた新たなステージを楽しんで、熱く生きてください。（拍手）

RIE　ありがとうございます。（拍手）

松久　では、石井社長、ムー王朝を滅ぼした人。

石井　前回の高知のユダに続いて、またしてもとても消化し切れない役割があったことをドルフィン先生から伝えられて、衝撃の一言です。

自分の本のつくり方が、いろんな著者の方から、「このタイトルは闇の勢力、ディープ勢力からのメッセージなんじゃないか。だから、このタイトルはやめてください」と言われたことが何回かあるのです。

ドクタードルフィンとヒカルランドの石井社長（加計呂麻島の海にて）

ムーを滅ぼしちゃった波動が今も残っていて、本のタイトルなんかにちょっと影響しているのかなと。

松久　きょうで変わりますよ。癒やされて。

石井　出版をなりわいとする者として、きょう、そこをすごく感じました。そういえば、あの人にこんなことを言われたなと。

松久　それは次元上昇しますね。お役割です。(拍手)

参加者T　ドルフィン先生が、女王、女王とえらく言うので、逆に、王様は誰ですかと聞かせてもらったのです。

そうしたら、こんな話になっちゃったんです。(笑)

さすがにちょっと複雑な気分になりまして、石井社長さんは前回、ユダのことを言われて、あのときもたぶん複雑な心境になったんだろうなと、次元を共有させてもらった感じです。

ただ、おかげさまで、最後の儀式のところで、最終的には私も癒やされたという形です。

私も仕事柄、切った張ったという主導権争いのコンサルをやっているので。

松久　これで優しくなれるわね。

参加者T そういうことかもしれません。（笑）

N ありがとうございました。

やっぱりドルフィン先生のことが好きだったんだなと思い知らされた。

ムーの時代からだったんだというのが今回わかって、よかったなと思いました。

何でドルフィン先生とこんなに一緒に絡むことが多いのか、僕自身、わからなかったんです。

僕はスピリチュアル歴が長いわけではなくて、3～4年前ぐらいに石井社長に救われて、この業界に入って、いきなりドルフィン先生と絡み始めた。

スピリチュアル・ゼロの状態でこんな高次元といきなりつながったら、おかしくなるじゃないですか。

昔、勤めていたときは結構ガチガチな感じで仕事をしていたので、そういう感じがどんどん緩くなっていって。

松久 22代のことを思い出したの？

N 思い出しましたよ。

松久 私にはちゃんと夫がいるのに。

N 僕は、月と太陽がひっくり返る前のクズ的な感じだった。妻子持ちとか関係ないという感じだったんでしょうね。

松久　これからもよろしく。（拍手）

Section
Ⅵ

23の
エンジェルナンバー

ドクタードルフィン
奄美からのムー再誕
モーニングスクール
―スーパー合宿スクール・リトリート―
（2021年４月23日）

Chapter 34 宇宙史上の新たな一ページ

おはようございます。すがすがしい朝です。「ニューヨークシティ・セレナーデ」のメロディで始めたいと思います。

我々の活動が終了すると、お天気が崩れる。きょう、後で出かける人もいると思いますが、雨の奄美も奄美っぽくて、なかなかいいんじゃないかと思います。ぜひ楽しんできてください。私は、本日はホテルを満喫したいと思います。リラクゼーション3発目を受けます。

さて、昨日は地球史上、宇宙史上、新たな歴史の一ページをつくる、まさに奇跡の日となりました。私が、皆さんと一緒に成し遂げた。それを皆さんに見守っていただいたということで、非常にうれしく思います。

例の奇跡の手紙にもあったように、本日、4月23日を無事に迎えることができました。昨日、奇跡のセレモニーを無事にやり遂げて、いよいよ夜10時ごろから、まさにこと座流星群のシャワーでした。

私は夜11時までリラクゼーションの最高の夢心地の中におりまして、戻ってきてシャワーを浴びて、落ちついて、昨日は思わずビールに手を出してしまった。夜12時ごろ、ふと思いついて外を眺めました。

外に出るのはちょっと面倒くさかったので窓から眺めて、光が入らないように手で覆ってやると、無数の光の矢が連発して流れました。本当にすごい数が降りてきたのではないか。

私は異次元の目で見たので、余計見えたのかもしれませんが、10秒に2個ぐらい落ちていた感じです。

ベガという星は、こと座の中で最も明るい星です。光を最も反射する星ですから、それらのエネルギーを寄せたこと座流星群が舞い降りて、奇跡を祝ってくれた。私たちが奇跡を読み解いた後に、宇宙はそんな憎い演出をするのかとびっくりするぐらい、すばらしい演出でした。

きょうは晴れて23日を迎えました。今回、レムリアの弥勒の世を起こすことが非常に大きな命題ですから、それの一つの大きなアクションでした。

ここにサンストーンとムーンストーンを二つ、融合してあります。

これは特別な水晶です。シリウス、アルクトゥルス、ベガ、リラが入っていて、宇宙が月と太陽をつないでいる。

昨日、湯湾岳の頂上に行きました。行けなかった方がいるけれども、魂を一緒にお連れしているから大丈夫ですよ。宇宙が月と太陽をつないだという象徴的なお宮がありましたね。お宮の上にそういうシンボルがあったというのは、まさに驚きの奇跡でした。

Chapter 35 エンジェルナンバー23

『22を超えてゆけ』（ナチュラルスピリット）という本があります。22を超えるという意味は、まさに23なのです。

今度、私が出す『88』（ヒカルランド）という宇宙シグナルの本も、22×2の44、44ページで構成してあります。弥勒の世の前は22がキーだったわけですが、それを一つ飛び越えて、きょう、晴れて23になった。23の時代が到来したということになります。

私は、23というエンジェルナンバーを調べてみました。エンジェルナンバーというのは、皆さんご存じのとおり、よく見る数字とか、自分に見せられる数字の意味を伝えるもので、今回私たちにとっては23です。例えば、111とか、333とか、555。555や5555は、エネルギーが新しいことを始める、新しい奇跡が起きるというようなことです。

23には、すばらしい意味があるのです。アセンデッドマスターというのは、かつて地球で生きていて、今は次元上昇して宇宙レベルから地球を見守る存在で、ジーザスとか、ブッダとか、いろいろいるわけです。昨日言ったバイオレットフレームのセント・ジャーメインもアセンデッドマスターで、非常に位の高い、エネルギーの高い存在です。

23のメッセージは、「あなたの周りにたくさんのアセンデッドマスターたちがいます。彼らは信念を持って貫くということの大切さを教えてくれています。そして、そのご褒美はすぐに手に入るから、それを最高なものにするために、前向きな思考を保ち、信じてください」ということです。

きょうはリトリートツアー4日目、あした皆さんは、皆さんの地に帰るわけですが、きょうは大事な日です。昨日の夜からけさまで、こと座流星群が舞い降りて、祝福を受けて23日を迎えたということは、私たちは新しい宇宙を迎えた。新しい朝、新しい宇宙、これは非常に誇らしいことであります。

23のエンジェルナンバーの意味は、皆さんの誕生日を意味します。不安、恐怖とか焦りがいろいろ出るけれども、自分は絶対にこうなるんだ、こうあるんだということは、誰も邪魔できないということです。

実際そうなのです。皆さんは昨日、ベガの超高次元のサポートの光の中に包まれて、月と太陽をひっくり返して、本当の月と太陽のエネルギーを浴びた。

そして、まさに第6代ムー王朝を復活させる原動力の一員になったということで、ムーがあなたを応援しているわけです。

実際にムー王朝は15回くじけているわけですから、どんなにうまくいかなくて、どんなにくじけそうになっても、どんなに失敗しても、どんなに打ち砕かれても、どんなに絶望しても、あなたを再び上げてくれる最高の高次元エネルギーです。それを見守って、サポートしているベガという星は、私がスーパーアセンションさせたステラソサエティ、星と星でできた宇宙の社会において、私たちが同じ時空をともにしている中で、最も高い次元にあります。

そのリラのエネルギーが初めて分離した星がベガです。

しかも、分離ということで初めて導かれてきた星と言われています。

同じこと座の中で、こと座社会とベガ星社会とで対立が起きて、分離と対立を宇宙の中で最も高度に体験した星社会がベガであります。

だから、ベガは、実は分離の力を知っているし、分離のいわゆる破壊力、怖さを知っているわけですね。

分離がもたらす社会や生命へのネガティブな非常に大きな影響を知っているからこそ、ベガは分離を乗り越えて融合する。

22という数字は2でも割り切れるし、11で割り切れる。分離できるのです。23は素数になるので誰も分離できないのです。13と同じです。

23はそういう意味も含めていて、融合ということを教えるには宇宙で最高の先生なのです。

だから、皆さんは、この日、23日を迎えて、分離から融合へ、ネガティブな自分をポジティブにひっくり返すことができます。

もう一つ言いたいのは、実はわざわざひっくり返す必要もないのです。ポジティブとネガティブを同時に仲良く持つ。あなたたには両方必要なのです。

月と太陽は、太陽がポジティブで、月がネガティブのエネルギーを持っています。でも、どっちがいい、悪いではなくて、片方がなくなったら地球は存在できなくなります。同じように、あなたの中に月と太陽のエネルギーがあるということです。その両方を大切に持つ。

あなたたちは、今まで自分の好きなところをもっと伸ばそうとして、嫌いなところは消そうとしてきた。

嫌いなところは見ないようにしてきたのですが、実は嫌いなところこそ、あなたのいいところを引き立たせている。嫌いなところがあるからこそ、あなたのいいところを外に発信して、活躍することができるということが大事なのです。

アセンデッドマスターたちは、23というエンジェルナンバーで、邁進《まいしん》しなさい、どんな迷い、不安、恐怖があっても大丈夫だよと教えています。セント・ジャーメインのバイオレットフレームを、一生のうちに一回でも体験できる人はほとんどいません。私は2回目ですが、あれを生きている間に体験するというのは奇跡なのです。

セント・ジャーメインのバイオレットフレームを体験したと聞いたことはないでしょう。私もほぼありません。どんなに偉そうに鼻を高くしているスピリチュアルリーダーも、体験できないエネルギーなのです。

私があの場にいたということが大きいのですが、皆さんと共鳴して、アセンデッドマスターであるセント・ジャーメインが私たちを非常によく見守ってくれているというサインです。

まさにきょうの23のエンジェルナンバーそのものなんです。

大丈夫ですよ、アセンデッドマスターがあなたの行く先を応援していますす、見守ってくれているのです。

Chapter 36 月は赤かった

今まで皆さんの中の月と太陽が分離していて、太陽だけで生きようとしているというところがありました。

宇宙から見たら、地球の人生はドラマなんです。私たちの魂がそういうドラマを設定していた。すばらしい感動のストーリーで、そこには善役も、悪役もあるわけです。これはどちらが悪いのではない。それが今回、目の当たりにした大事なことでした。

今までは、悪役は社会にたたかれていた。それはおかしかったのです。今こそ悪役を称えるときで、これができないのが今の本当に奴隷化した社会です。政治を牛耳《ぎゅうじ》っている内閣、お役人、メディア、専門家たちは、まさに地球の底辺を生きている。

また、メディアに出ている人は、自分は人気者で偉いように感じていますが、奴隷をつくっている奴隷製造機です。崖っぷちに立っていたら、ワン・ツー・スリーで3秒で私が落とします。それくらい地球には貢献しない、低いエネルギーたちがはびこっています。

昨日、3回目の緊急事態宣言発令が決定したということです。私たちがムー王朝を開いたときに向こうが緊急事態宣言を決定するということで、まさに彼らは落ちたいのだということがよくわかりますね。落ちて、学びたいのです。

私は3年ぐらい前までは彼らを救おうと思っていたけれども、弥勒のふるい分けで奈落の底に落ちたいということであれば、今は彼らを落とそうと思っています。上がりたい人たちが上がればいいのであって、落ちたい人は落としてやったほうが幸せなのです。

そういう意味で言うと、いろんな奇跡が重なった。昨日、私はリラクゼーションで夢の世界に行っていましたが、スタッフのところにRIEさんからメッセージが届いていたようです。朝、それを見せてもらったのですけれども、滝の写真を撮っていたときに、連写したら1枚だけ真っ黒に写ったそうです。これを拡大すると、真ん中は赤いのです。月の表面みたいにクレーターがある。月の本当の表面、裏かもしれません。本来、月は赤かったのかもしれません。表の顔は偽りの顔で黄色だったけれども、本物の月に戻ったから赤い顔になった。

マヤ暦では、すべての人に、二つエネルギーがあるということですが、私は二つとも赤い月なのです。

実は、かぐや姫は私だったのです。カワイコちゃんになって、地球人に学ばせようとして地球に来たのだけれども、Nみたいなのがよからぬ思いを寄せてくる。(笑)高尚なお話をしに来たのにお下品な世界になるので、まだダメだと思って月に帰りました。今まで偽りの黄色の月だったから、まだ月から出られなかったのです。これで私はかぐや姫として自由に出入りします。

赤い月になると、太陽はどうやら白くなるらしいです。だから、昨日はマヤ暦で赤い月と白い鏡の日だったのです。そんなことで非常にすばらしい体験をしました。

Chapter 37
驚くべき奇跡の連続

おさらいすれば、最初から全て奇跡でした。

奄美大島にＲＩＥさんがやってきたのは、私はＲＩＥさんが湘南が大好きだったので、もっと進化して、奄美の大自然が好きで来たのかなと思っていたら、彼女の旦那さんが不動産セールスをしていて、ちょっと疲れてうつになってしまった。

そのときに、彼が加計呂麻島に2回ほど遊びに来て、海に潜ったときに、どっちが上か下かわからない、宇宙と地球の次元に入ってしまったみたいだった。そんな体験をした。

そのときに自分は宇宙と地球とつながった、これだと思って、その瞬間に奄美に移住すると決めたそうです。

その場でＲＩＥさんに電話をかけました。

本来のＲＩＥさんだったら、断っていたそうです。湘南大好きなのに、そんな不便なところは自分は絶対にイヤだ。

しかし、彼女はなぜか第1回ドクタードルフィン塾の塾生だったのです。出席したときに私がエネルギーを書き換えて、開いていたのです。彼女はドクタードルフィン塾の塾生でなかったら、絶対に断っていたと昨日も言っていました。

しかし、旦那の晴れ晴れした声を聞くと、私は断ってはダメだ、一緒についていくんだとすぐに思えたそうです。これも奇跡なのです。

彼女が奄美大島に来ていた。RIEさんが私に「先生、来て」と言うから、いつか行こうと決めていました。昨年は奄美と屋久島、両方をやろうと思っていたけれども、それは非常にわがままな話で、スケジュール的に非常に厳しかった。

Pさんに、片方にしろ、こんなことできるか、何をいい気になっているんだと怒られたので（笑）、どちらを選ぼうかなと思った。屋久杉が気になっていた。屋久杉が私を呼んでいるという感覚のほうが強かったから、昨年は屋久島にして、奄美を諦めたのです。そして、今年、奄美にやってきた。

今年、来るべくして、奄美に来たのです。

23の奇跡の手紙にも書いてあったけれども、手紙の主は10年間、秘密を温存していた。誰かに言わなきゃ。でも、誰かわからない。ずっとそのまま来て、私のホームページを見て、私の本を読んだときに、知らせるべきはこの人だとわかったみたいです。それで私に手紙をじかに持ってきてくれました。

あの手紙は、何回読み返しても驚きます。私がこの日にリトリートを設定したことがあり得ない。まさに23日がきょうで、22日に開く必要があったのです。昨日のこと座流星群で祝福を受けて、きょう、その喜びを皆でともにする。

「国常立大神《くにとこたちのおおかみ》様の妻神の豊雲野大神《とよくもぬのおおかみ》が、新しい月の剣を携えてあらわれる」とあります。

23という数字がすごく面白い。23票差で村長になった元山《もとやま》公知《あきら》さんは4月23日生まれ。元の山を公に知らせる。昨日の湯湾岳のイベントのことです。奥さんが元山二三代さん。上皇様が12月23日生まれ、天皇陛下は2月23日生まれ。私たちはきょう4月23日に奄美にいる。すごいことなのです。

湯湾岳は「北緯28度の森」と言われている。調べると、北緯28度にある世界の名立たる聖地が出てくる。これも驚くべきことなのです。

最後に彼女は、「大きな意味で奄美大島が竜宮城（ムーの時代の方々が入られた場所）につながっていて、近い将来、私たちの前にあらわれてくださらないかなあ～と思って、ワクワクしています」と書かれています。私はムーの話を何もしていないんですよ。それなのに、この人はムーのことを書いている。

私は、一昨年、第2代のムー王朝のあった阿寒湖に行ったときに、朝の5時ごろ、急に浮かび上がってきた竜宮城の写真を撮っています。5分ぐらいで沈みました。しかし、手紙をあのタイミングで渡されたということは、まさに驚きの奇跡です。

そういったいろんな人のサポートのもとで、やり遂げたわけです。RIEさんが自分の意思でなく奄美大島に来て、私に来てほしいと言った。単に気楽に来てほしいと言っていたらしいですけれども、私は彼女の過去生を読んで、それを癒やす必要があると思った。その上で第6代ムー王朝を開いた後、23代女王につながり、私がその母の22代女王だった。昨日はいろんなことが浮かび上がってきて、感動の夜でした。

Chapter 38

パラレル過去生は自分で読む

昨日はＲＩＥさんが女王に挨拶したときに、たまたま私が横にいたから、あなたは何ですよと読みましたが、それを知ることで役に立つことはあまりありません。

そのタイミングがあったら知ったほうがいいのですが、私の口から出ない場面もある。知るべきでないタイミングで無理やり知ろうと思っても、あまりいいものは出ないし、役立たない。それは知っておいたほうがいいと思います。

本当を言うと、私が読んで知らせることは大したことないのです。本当のパラレル過去生も未来生も、自分で読まないとダメです。よくスピリチュアルリーダーに〇〇と言われたと、それを過去生に使っている人がいますが、あんなのは全部ニセモノです。人に言われたことはほとんどニセモノなのです。

私は違いますよ。次元が違う。

私以外の人間に言われた過去生は、宇宙から見たら不安定なもの、過去生は、その人がどの次元で見るかで、違ってくるのです。

わかりやすく言えば、魂的には、裏に本物を隠しているということがある。私は裏も全部見えます。

だから、皆さんは人から言われるようなことをしてはダメだし、本質を捉えている人は、私、ドクタードルフィンのエネルギーに触れてしまうと、それ以外は面白くなくなる。

まだ本質が入らない、次元の低い人は、私の次元はちょっと無理なので、初級コースのマスターであるリーダーたちに、行ってしまう。彼には彼のお役目があって、それでいいのですが、言っていること、やっている内容の次元があまりにも違う。

私の本とか動画、イベントに参加することは面白い。これはすごくいい。

でも、あなたが私以外の情報を見て面白いと思ったら、あなたはまだ次元が低いことになります。

私は私以外に興味はないし、私以外が私に興味を持たせる情報を届けるとは思えないし、高次元から受ける情報しか興味がありません。

皆さんは私を見ていたら、どのように生きれば自分は宇宙にサポートされるかということがわかります。

私は地球のサポートをあてにせずに、全部奈落の底に蹴り落としているからです。

そんなものに頼ってしまうと、エネルギーが余計かたくなって、上に行けなくなります。

Chapter 39 自分だけに愛を注ぐ人間を宇宙はサポートする

周囲の集合意識を自分の味方につけることがよくない。味方につけようという思考とか行動はやめたほうがいいのです。つまり、集合意識を自分に向けるために思考したり行動することは、本来の自分でないものを生きることになります。

あなたの親兄弟、家族、学校、社会に教えられてきた常識と固定観念で、こうあるべき、こうなるべきという情報で出す動きは、あなたでないものを見せて、社会を味方につけようということです。こうすれば味方についてくれるだろうという思考、行動のもとで発信しているから、そんなものをつけても大した存在になりません。あなたの周囲の色をちょっと変えられるぐらいです。

私が言っているのは、地球上の全ての人類の集合意識をあなたに向けさせなさいということです。スケールが違います。もっと言えば、宇宙上の全ての生命意識をあなたの味方につけなさい。地球上の全ての人類なんて当たり前です。でも、世の中で教えているのは、あなたの周囲だけの集合意識を向けさせる教えなのです。

　では、どうしたらいいか。人間の意識を全部無視しなさい。無視しないところは、ベガの神であるヤギ、動物、昆虫、鳥、植物です。昨日、きれいだったでしょう。あとは海とか、山とか、目に見えない神々、アセンデッドマスター、宇宙のステラソサエティの星たちのエネルギーを自分に向けさせなさい。

「お願い！　私をサポートして」とか、「地球よ、私にエネルギーをちょうだい」とやっているうちは、多少は入るけれども、みんなが想定できるぐらいのエネルギーしか入りません。あなたが変化することで人類がひっくり返る、ちゃぶ台が全部ひっくり返る。そんなことあり得ないというぐらい人類を突き抜けることです。

　人類は今、超低次元で、ほとんどが奴隷エネルギーに侵されているので、そんな人間はあなたの人生から省くのです。省くというのは、わざわざ家族をなおざりにするとか、友達にいいかげんに対応するのでなくて、最低限の優しさとか愛を注いでもいいけれども、余計なことはしないのです。自分だけに愛を注いでいたらいい。自分だけに愛を注いでいる人間を宇宙はサポートする。宇宙は、他者に愛を向けている人間をサポートするとみんなは考えるけれども、低次元の人間の意識にフォーカスしていたら自分のエネルギーは下がります。

自分だけを愛していると、自分が輝いてくる。昨日の写真を見たら、私が発光体になっていたでしょう。なぜかというと、自分のことにしか興味がないし、自分だけを輝かせることにしか興味がないから、自然に光ってしまう。ああいうふうに光っていないと、宇宙から、高次元からのサポートが得られない。光るということは地球のサポートも得られる。宇宙のサポートも得られる。

そうなるためには、余計な人間に余計な気遣いをしたり、よく見られようとしてはダメなのです。一番いいのは、世の中に悪く見られるようにしなさい。最低とか、変とか、近寄りたくないとか、もう友達やめましょうという言葉を受けなさい。そこをやれるかやれないかが勝負です。

皆さんはベガの聖地にやってきて、あんなエネルギー開きの一員になっているのに、また社会に帰ったときに同じ生き方をしていたら、あなたは次元上昇する権利を放棄することになるでしょう。

この23日を私たち一同で迎えて、アセンデッドマスター、セント・ジャーメインのバイオレットフレームを体験した。あれだけの紫は、まず出ません。これだけでも地球で自慢できるし、宇宙に行っても、あなたはヒーロー、ヒロインになれる。あそこにいた全ての人間が受け入れられた。一人でも受け入れられない人間がいたら、あれは出ません。全ての人間が認められて、あれを見せつけられた。

皆さんがこれから苦しかったり、思いどおりいかなくなってもがいたり、絶望したりしたときに、あの光を、あの空間を思い出しなさい。あれは過去の思い出ではありません。過去は振動数が違うだけです。その振動数をあなたがつくり出すことで、あれと同じ時空間をつくることができます。バイオレットフレームに入ることで、あなたを完全に浄化する。完全に癒やされます。本当にぜいたくな体験をしました。

Chapter 40 奇跡のスピーチを

きょう、いよいよ最後のイブニングスクールがあります。一人ずつ前へ出てきてもらって、今回体験したことへの思いを1分間ぐらいで発表してもらおうと思います。それを本に残すことで、宇宙があなたをサポートします。

私は、ここに座るだけで、何をお話しするか何も考えませんが、考えないといけない人は、きょう一日ゆっくり考えてください。1分間のスピーチで大事なことは、ありきたりのことは言わない。誰かが言うだろうと想像できることはつまらないから、誰もがあなたの口から飛び出すとは思えない奇跡を話してください。奇跡を体験しておいて、あなたが奇跡でない発言をしていたらダメでしょう。それに見合うエネルギーを放っているのだから。

きょうはベガも、リラも見守っています。アルクトゥルス、シリウス、プレアデスも全部見守っています。月と太陽はきょうはお隠れになっています。昨日エネルギーが高過ぎたから、きょうとあしたは、ちょっと疲れてお休みしています。でも、ちゃんと自分の姿になっているから、彼らも見ています。

スピーチとか文章を書くと、すぐに一般の集合意識が認めてくれそうなことを言うのです。そんなもの、害です。今、私に名言が降りてきました。「地球の集合意識はまさに最大の環境汚染なり」。

汚染源はあの人たち。大体予想がつくでしょう。

今の政治家、内閣、お役人、メディアで偉そうなことを言っている人たち、専門家、あれは全部汚染源です。

原子力の汚染源よりずっと悪い。5Gよりずっと悪い。最悪の汚染源だ。

私を怒らせるものは、すべて、宇宙的に抹殺します。

今、私はそこまでしないけれども、宇宙的な抹殺ほど怖いものはありません。地球で死ぬことはセレブレーションだから、お遊びだ。しかし、宇宙的に抹殺されることは宇宙に振動がなくなるということだから、消えます。

Chapter 41 「コンタクト」上映予告

昨日は、私が去ってから映画「コンタクト」の試写会になってしまったみたいで、最後の場面の前でとめた。きょう、ジョディ・フォスターが北海道の次元移動機に乗り込んで、打ち上げるというところからやります。

実際は1秒の間に、クルクルクルクルッとブラックホールに入るところが描かれます。ものすごく面白い。

宇宙空間に出て、次の瞬間にはベガの星の世界に行っていた。

奄美大島の砂浜の景色が出てくるから、ぜひ楽しみに。向こうから走ってくるベガ星人が主人公のお父さんに化けて、コンタクトして話しかけてくる。

その話がすごく大きな学びになると思います。

Chapter 42

「ボヘミアン・ラプソディ」の勇気

このスクールで私が主に話すのはこれが最後になります。夜は皆さんの発表会で、何はともあれ、きょうのパーティーです。一発芸をやりたい人はぜひやってもらいたい。皆さんが一発芸をやらないと、宇宙の見守りが進まないです。

面白ければ面白いほど宇宙のサポートが入るから、人生で一発勝負をするときが来ますよ。サポートが必要な人はグイグイいって、ピークに持っていって出してください。

あなたはあなたをセレブレーションすることができますか。安室奈美恵さんは沖縄のエネルギー、奄美のエネルギーもある。葉加瀬太郎さんと一緒に演奏しているものです。あなたは今までせっかく最高の魂で地球に入ってきたのに、あなた自身を全く祝福せずに生きてきてしまった。だから、宇宙があなたに投げかける「CAN YOU CELEBRATE?」。（曲を流す）

そして、月のエネルギーがすごく入った曲、「三日月」です。（曲を流す）絢香さんは私の患者でもありました。しばらく来ていたけれども、忙しくて来れなくなってしまった。旦那も一緒に来ました。

モーニングスクールの最後に、絢香さんの「I believe」。（曲を流す）エンジェルナンバー23は、あなたを信じて突き進みなさいというメッセージでした。この歌そのものであり、まさにアセンデッドマスターたちがあなたの行く道をサポートしてくれます。

さあ、クイーンの「ボヘミアン・ラプソディ」。（曲を流す）私も映画を見ましたが、貧しい環境の中で自分がやりたい音楽に邁進し、感動し、男女のエネルギーに格闘し、そのもがき、苦しみを全部音楽に乗せた。そのエネルギーは人々に夢と希望を与える。喜びと感動のエネルギーに変えていく。この曲は地球人類の勇気です。

皆さんの魂、バンザーイ。23日を迎えて、おめでとう。（拍手）

HAVE A NICE DAY、WONDERFUL DAY！

Section
Ⅶ

アセンションと紫の光

ドクタードルフィン
奄美からのムー再誕
イブニングスクール
―スーパー合宿スクール・リトリート―
(2021年4月23日)

Chapter 43 参加者の感想

松久 リトリート4日目、イブニングスクール3回目のお時間になりました。皆さんと最後までやってこれたのを大変うれしいなと思います。

最後は、一人ずつ前へ出てもらって、感想を述べてもらいたいと思っています。まず、Mさん。あなたは読んでほしい、読んでほしいというわがまま娘だから、ちょっと読んであげると、23代女王RIEさんの教育係です。善役です。悪役もいるからね。

参加者M マユミ大好き。マユミ幸せ。マユミ大丈夫。マユミだーい好き。

本当に楽しい、自分自身を決めた日でした。ありがとうございました。（拍手）

松久 最後にエネルギーを書き換えておいてあげる。こちらを向きなさい。（書き換える）

松久　次はOさん。不思議なことに、今回集まったのは23代もしくは22代のムー王朝にかかわった人ばかり。善役、悪役はある。彼女は善役のほうで、23代女王の絵の先生をしていた。

参加者O　私は、初日にお話ししたとおり、おカネのことを何も考えずに参加を決めました。ちゃぶ台返しをしたかったんです。やりたいことを実現するためにおカネがなければならないという固定観念をひっくり返したかった。いつも先生がおっしゃっている、何を犠牲にしても先生のイベントに出ることを優先させると、この一生がどんなふうに変わるかというのを体験してみて、観察を……。

松久　今回どうだったの。一番大事なのは今回出る感想です。

参加者O　夢に描いたとおりのシーンが目の前に広がって、最高に幸せな日々でした。

（拍手）（書き換える）

松久　Kさん。あなたは、私が22代女王だったときのお世話役です。

参加者K　こちらのリトリートに参加したいと思っていた願いがかなって、来れてよかったです。自分の中にあったネガティブな部分、自分を嫌って、自分で見ないようにして、そこをポジティブに変えなければいけないとずっと思っていたのですけれども、太陽と月が変換されたということで、自分がすごく変化した気がします。今後、やっぱりもとの自分に戻りたくないので、もし戻りそうになったら、この経験、学んだことを思い出して、新しい自分、ベガ星人として生きていきたいと思います。皆さん、ありがとうございました。（拍手）（書き換える）

松久　Tちゃん。あなたは大変なお役目だった。23代女王の首を絞めて殺した大悪人で、22代女王はちゃんと守ろうとした。

参加者T　そういう事実がわかって、ちょっと複雑な気持ちになりましたが、その後、解消いたしまして、今はさっぱりしています。今回、一番すごかったなと思うのは、一つは例のパープルと、光の次元を超える振動数がすばらしいと思った。今後ともよろしくお願いします。（拍手）

松久　書き換えておかないと。バン！（笑）（書き換える）

松久　TTさん。第23代王朝の人々が牢獄に入れられたときに、あなたは優しく差し入れをくれた。

参加者TT　昨日、すばらしいバイオレットフレームに皆さんさんざん感激していましたけれども、私は行かれず、旦那は幸せでした。でも、四国のリトリートの13人のうちの一人でもあって、今回は23人のうちの一人でもあるので、私も選ばれし勇者だという誇りを持って、いずれ開花することを夢見て頑張ります。（拍手）

松久　最高に生まれ変わってください。（書き換える）

松久　Uさんは、23代はやっぱり石井組だった。私の中では、あなたはヒーローだった。武力が一番すごかった。あなたは憧れだった。石井社長はあなたを失いたくなくて、あなたを温存して、Tに殺しに行かせたの。

参加者U　そういうことで（笑）、私もどういうふうに変わったか。私も毎回行っているのですが、鈍感なのではっきりとわからないんですよ。でも、そのうち出てくるんじゃないか。感じる日がちょっとずつ来ているような、引きが来ているような気がするのです。だから、このまま素直にいって。

松久　あなたは第6代ムー王朝の最盛期23代で、悪役のほうのヒーローだった。

参加者U　わかりました。どうもありがとうございました。（拍手）（書き換える）

松久　MCさん。あなたはRIEさんの女王の道徳の先生です。

参加者MC　道徳の先生でしたか。どちらかというとやわらかいほうではなくて、かたいほうかもしれません。

松久　道徳の先生が厳しいことを言ったから、女王はあなたを嫌っていた。今生で仲直りしているから大丈夫よ。

参加者MC　今回は何かが見えたとか、そういうのはなかったのですけれども、とにかくこの場所で、この雰囲気で、この景色でおいしいご飯をいただいて、ただただ幸せな日々でした。私はマヤ暦で黄色い太陽なんです。このたび、先生が太陽を出してくださったので、私も優しく輝いていこうと思っています。

松久　実は私が気づいたのは、「日月神示」で、これから弥勒の世で月は赤くなる、太陽は黒くなると言っていたらしい。私が太陽が白くなると言ってしまったのはミステークかと思ったのですけれども、あの後、よく読むと、今、太陽が珪素化して次元上昇しているから、最初は真っ白になる。その後、急に黒くなっていく。最終段階が黒で、今は白に向かっているので合っていました。（書き換える）

松久　UMさんは、お米をこだわってつくっているから、第23代王朝の栄養の先生。いいお米をつくって、差し上げてください。

参加者UM このツアーには、ムーという文字を見て参加しました。このツアーで変わったのは、きょう加計呂麻島に行きましたけれども、船がすごく揺れたのです。その船がすごく気持ちよかったです。加計呂麻島に行って倒れそうな風が吹いたのですけれども、そのときも気持ちがいい。全て気持ちがいい。ありがとうございました。

（拍手）（書き換える）

松久 次は2人一緒に立ちなさい。この人たちを読むと、第6代ムー王朝で二人でコメディアン。（笑）女王を笑わすことがすごかった。

参加者A 最初は金額だけ見て、これは無理だと思っていたんですけれども、気がついたら行かなきゃいけないと思って、今回、申し込みをさせていただきました。先生が金額はどうでもいいといつもおっしゃっているのを、今回、参加させていただくことによって気づくこともできましたし、小さいころから、女の子っぽいねとか、最近、女性性が強いねとか、いろいろ悩んだんですけれども……。

松久 そのくせ、私をベンベン……。（笑）（面白おかしく、からんでくる）何というやつだ。

参加者A 先生に根に持たれながらも、喜びつつ。（書き換える）

参加者B　ちょっと真面目な話をさせてもらいます。26年前に1匹の犬が宇宙から僕のもとにやってきました。8年後、命をなくしました。それから18年。きょう、ここに参加するのを決めたのも、1匹のゴールデンが僕のもとに走ってくるのを見て、これは行かなければいけないと決心しました。そのときにつけた名前が「ミラクル」です。（拍手）

松久　言い忘れていたけれども、きょうのラストパーティーでは一人ずつ芸をしてもらうのですが、今言った芸をやってもらう。教育係は教育係の姿を、あなたたちはコメディアンを。（書き換える）

松久　次はWちゃんとYさん。ユッキーズ、2人出ていらっしゃい。おぬしたちの過去生は、第6代ムー王朝23代女王の前でダンスを踊っていた。女王からキスされたの。だから、後で2人でダンスするのよ。

参加者W　今回もありがとうございました。今回、すごく穏やかに過ごせました。最後にお山に行って、先生が緑の飛行船をイメージされたとき、私は緑の宇宙船を見れた気がしています。本当に穏やかに、穏やかに、自分の内側って何だろうと思いながらいましたが、本来の自分はすごくふてぶてしいやつだということに気づきました。今回はダンスで頑張りたいと思います。ありがとうございました。(拍手)

松久　はい、これで生まれ変わる。

W　ありがとうございます。(書き換える)

松久　お嬢様、感想をどうぞ。

参加者Y　長いこと、見た目はちょっと派手なんですが、内容はものすごく地味で、昔の人間ですから我慢するのが大事だということが体にしみついていましたけれども、紫のあれを見ましてから、自分が生まれ変わったようで、これからは自分のために残りの人生を全うしていきたいと思います。ツアーに参加した大きな収穫でした。ありがとうございました。(拍手)

松久　20歳のお嬢様になられた。(拍手)(書き換える)

松久　次は、OMさん。あなたは今すごい。第6代ムー王朝23代女王の心の繊細さを教育していて、恋の詩の先生だった。

参加者OM　私は石井組だと思っていた。(笑)ヒカルランド大好きだから。

人生の根底に、とくに甘えるというのがあるのではないかと気づきました。結婚して、子どもが生まれて、主人に「俺に迷惑をかけるな」と言われて、自分にできることは自分で一生懸命頑張ったつもりです。でも、その後、ずっと考えて、これは父の役割だったんだと気づいて、この野郎と思ったんです。20年以上思っていたんですけれども、ちょっと落ちつきました。ポイントがどこかわからないのですけれども、泣いていますけど。（拍手）（書き換える）

松久　ＹＹさん、あなたは23代女王の前でマジシャンをやっていた。びっくりさせるマジシャン。

参加者ＹＹ　事前にいろいろ教えていただいて、結構内省することができたんですけれども、ユッキーズの2人とベラベラしゃべっていて、それのおかげでもっと自分を見つめられた。気づいたことは、自分はわりと空っぽというか、自分というものを持っていないなと気づきました。気づいたのが23日で、23は素数で割れない。ワレナイ、「我なし」。お後がよろしいようで。（笑）

松久　あなたは、Ｙさんの娘を今やっているけれども、ベトナムの水上人形（一昨年のベトナムハロン湾リトリートツアーで見学した人形劇で見た人形）で大活躍した。

あれを今回も期待しています。（書き換える）

松久　Iさん。あなたは足が痛いとか、動きがあまり活発じゃないのに、どういうことか、ムー王朝でエクササイズの先生をやっていた。それを今晩やるのよ。あなたのエクササイズを私たちに教えるの。

参加者I　すごい目まいで、危ないと思って、先生に祈ってくださいと言いながら、やってきました。でも、今、全然危なくない。めまいも起こっていないし。

松久　きょう、あんな海辺で風の中、モミモミされたんでしょう。どこをモミモミされたの。

参加者I　頭。……。

松久　あなたは時間オーバーしている。（笑）昔はイケイケでエクササイズを教えていたのよ。それで人のケツに鞭打っていたのよ。

参加者I　それは今でもありますね。（笑）（書き換える）

松久　次はＩＫさん。あなたは石井組のスパイだった。女王組にいるんだけれども、石井さんに買われちゃった。でも、それはそれで大事なの。Ｎが仕事をするように、あなたがうまくやった。

参加者ＩＫ　私はきょう、ここに来るまで1年間、毎日毎日、崖から何百回も落とされたような気がします。（笑）

松久　今回は、そのころの禊《みそぎ》だったんだと思う。女王を裏切ったような形になったから、今回、上から落ちて、きれいに自分をクリーニングしたのだと思います。（拍手）

参加者ＩＫ　崖から何百回も落とされました。セント・ジャーメインの紫の光が来たときは、何と自分の中のいろんなものがどんどん出てきて、それを一つ一つ処理するのに一生懸命で、写真を撮るのも忘れました。それが唯一の心残りです。

でも、すごいなというか、自分は今までものが聞こえ過ぎちゃって、普通の人だったら、私みたいなことはできないと思うんですね。だけど、ここにいると、何かみんなそれぞれ変なふうで（笑）、私も、よかった、これでいいと思いました。ありがとうございました。（拍手）（書き換える）

参加者Ｃ　私は月と太陽がすごく大好きで、毎日いつもそれを眺めています。１日目から女王様のお顔をお目にしてすごく大感激して、2日目で原生林に行って、250年の木のところで、そこから立ち去りたくないくらい大感激した。昨日、お墓のところに行って、お弁当を食べた後、バスに乗った途端に、みぞおちのところがすごく痛くて、それはずっと続いて、山頂で木の中に入って禊を受けられて、すごくよかった。

私、23日生まれで、きょう、先生から直接23日の意味を聞いて、もうすぐご褒美が来ることを知って、大変幸せです。ありがとうございました。（拍手）（書き換える）

松久　私、今読み直したんだけど、あなたたち2人は石井組だと思ったけど、全然違う。女王組についていいて、実は23代女王RIEさんの姉妹だった。三人姉妹で、全部性格が違っていいて、女王が美しかったので、2人は妬み、執着を持って、仲よくはなかったらしい。

参加者D　私は今、実家で実は三人姉妹なんです。仲よくしようねと。過去生もそうだとは思いませんでした。それは全然別として、ムーとかレムリアとか、自分のパラレルのあれはわからなかったんですけれども、二十何年前に「コンタクト」を見ているのです。どうやったら異星人とコンタクトできるのだろうと思って、そのヒントに見ていた映画がここだったということで、やっぱり私はここに来るんだったんだなと

いうのをすごく感じたという旅行でした。石井組でもよかったんだけどな。（笑）

松久 あなた、女王争いに敗れて、石井組の誰かに恋していた。誰だろうか。アトランティス系のエネルギーだ。

参加者D でも、そういうことだと……。

松久 後で、あなたたち2人で愛のささやきをやるのね。

あなたも石井組に行っちゃっている。その相手がN。（笑）（書き換える）

N 守ってくれたから、生きられたんでしょうね。

松久 あなたは23代は助けるほうでしょう。22代が悪役でしょう。私を寝取ろうとした。

N まんざらでもなかったときですね。

参加者E 今回、初めて参加させていただきました。もともときっかけは母を助ける、母をここに連れてくる、それだけで必死だったんですけれども、母の影響があって、初めてエネルギーを目にする、感じるというところまではできたんです。しっかりと言葉にあらわすところまで――言葉にあらわす必要はないんですけれども、自分の目で見るところまで体感できたのは、本当に貴重な経験をさせていただきました。

私自身が20代でとてもつらい経験をして、歌い手の仕事につくようになったんですけれども、日向《ひなた》という名前をつけているんです。自分が太陽に向かいたいというのと、自分もいつか誰かを照らしてあげられるような人間になりたいというので、日向という名前をつけたんです。

今までは月と太陽が逆転していたということで、偽りの日向に向かって走っていた、その偽りの太陽を演じていたと思うんですけれども、そうではなくて、本当の太陽を目指して、陰と陽を大切にしながら、太陽が照るというところまで目指していけるのかなと思っています。そんなふうに気づかせていただきまして、どうもありがとうございました。（拍手）（書き換える）

松久　ＫＰさん、いこうか。あなたもさっき読んだら、すごいことが判明した。Ｐが実は23代女王、ＲＩＥさんのハズバンドだった。でも、女系社会だから、ほとんど尻に敷かれていた。でも、一応ハズバンドという地位はある。そのハズバンドの男兄弟。

参加者ＫＰ　男はわかります。今のでわかりました。セレモニーに参加できて、少しでもお役に立てて、本当に心がお喜びさまでうれしいです。ありがとうございました。

（拍手）（書き換える）

松久 私はＲＩＥさんの23代女王のママで、この人（Ｓ）が女王のパパで、私たちは夫婦だった。この人はパパの弟なの。

参加者ＫＹ 親しみがありますね。私も、今回、こういうリトリートは初めてなんです。最後の最後まで迷ったわけじゃないんですけれども、最初は遠隔でいこうと思ったんです。先生の最後の通告で、もう行くしかないと思って、15日ぎりぎりで申し込んだんですね。今回23人とおっしゃっていましたでしょう。もしかして私、23番目ですか。

松久 これも23という数字なのよ。すごいことなのよ。23日、23人、あの奇跡のお手紙にも、23が鍵だと書いてあった。

参加者ＫＹ 自分でもちょっとぞっとしたというか、うれしいです。

もう一つ、ちょっと自分はパラレルに行ったのかなと思ったのは、実は私、新聞の一面に「革命が起こる」と、顔写真があって、こういうマークが真ん中にあって、中にどういうふうにするという文章だと思うのですけれども、大きく出たわけですね。

松久 それは本当に？

参加者ＫＹ パラレルだと思います。これからは世間が騒ぐなとびっくりして、一旦

戻ったんですけれども、とても印象的なことがありました。きっと革命を起こすかもしれない。（拍手）（書き換える）

松久　次はNちゃん。私が22代女王だったときに、私に惚れちゃったんですよ。すきを見て私を襲いに来たんですね。私は相当抵抗したんです。それなのに私が望んでいたと言うのです。23代は心を入れ直して、生まれ変わって、よいほうになって、女王を助けた。女王をTから守ろうとした。現場に居合わせたけれども、Tをやっつけられなかった。

N　前生のわかる人は、僕をたいがい犯罪者と言うんですよ。最初に言われたのがアジア系の犯罪リーダーで、人を殺しまくっていたという前生で、その次に読まれたのが、守るため、生きるために人を殺しまくっていた。次は暗殺者だったと言われて、今回、22代のときにまたやっていたんだなと思ったんですけれども、23代のときに初めてようやくいい役になれて、よかったです。

ドルフィン先生も胸元をあけて、ちょっと誘惑してくるわけですよ。（笑）

松久　誘惑したわけじゃない。

N　たまたま胸があいていたみたいな。（笑）まんざらでもなかったのは、たぶん本当です。

感想を言っていいですか。僕はリトリートにいろいろ参加させていただいて、高知も行って、今回もすごくきれいな海を見て思ったんですけれども、結局、皆さんが楽しいという感想と結論。四国でも、さんざん回って、「ぜよ、ぜよ」と言いまくったりして、楽しんでいたんですけれども、結局、皆さんとそれをやっているから楽しい。ドルフィン先生も一緒にいて。

松久 あなたが楽しかったのは白いビキニのベガ星人だ。

N 本当にベガ星人に会えて。あのとき、石井社長は中学2年生みたいな感じで（笑）、ドルフィン先生がこっちにいるのに、石井社長はずっとベガ星人のほうを見て、先生にお尻を向けるなんてとんでもないですよね。さすが石井組という感じです。こんな感想でいいんですか。（笑）（書き換える）

松久 石井社長、どうぞ。ご自分が、アトランティス系で、レムリア系に来られては困るということで、自分の権力を使って女王を潰した。

石井 思い出したんですよ。自分が出していた本なのに完全に忘れていた。『アセンションを超えて』という翻訳物なんですけれども、アセンションに向かう道で12の光線が出るのです。12の中で紫がたしか大事だった。もしアセンションというものがあれば、アセンションをする人には必ず紫の光のサポートがある。(笑)

あのバスの中にあれだけの光線が降り注いだのは、完全にみんなでアセンションの合図でした。これはもう、衝撃です。

ただ、昨晩、夢を見まして、ちょっと言いたくないけど、この23人の中で3人だけ、紫の光が足りない人間がいる。人間が入れるくらいの四角いドームみたいなところに紫の光が注いでいて、そこに入らなきゃいけなかったのです。真っ先に入るのは自分なんです。(笑) 入ったらバシッという電気がお尻に走ったんです。ピッと光って、ワーッと言って起きちゃった。だから、もう2人が何となくわからないんです。でも、イメージ的にあるのは、2人目はTさん。一緒に暗殺したあの方が必ず3人に入っています。あと一人がちょっとわからないんですね。これは、これからパーティーで明らかになる。

松久　その3人も救われる道がありますからね。パーティーで私がその3人をぐっと上げますから。もう一人を見つけて、3人の儀式をしましょう。(拍手)(書き換える)

Chapter 44 愛のベクトルは、自分から自分へ

松久 今回、奄美大島、そして月と太陽、ムー王朝ということをテーマに、そこにベガという高次元の超エネルギーが入って、お話を進めてきたわけです。

私は、毎回どんなスクールになるかなというのは、あまり調整できないのです。やっぱりやってみないとわからない。厳しくなるときもあるし、優しくなったり、激しくなったり、穏やかになったり、いろいろあるんですけれども、今回はそんなに怖くなかったんじゃないか。怖くすると、あそこのユッキーズも、若いほうがちょっと私に反逆してくるんです。反逆されないように、今回は優しく締められたのではないかと思っています。

さっきの3人も最終的には救われることになるので、宇宙に選ばれた23人のあなたたちこそ癒やされていいんだ、あなたたちこそ偽りの自分におさらばしていいんだよということを、私は伝え切ったと思います。

皆さんは、例えば異性が好き、父が好き、母が好き、息子が好き、娘が好き、憧れのアイドルが好きとか、好きというのはいろいろある。これからの「好き」という言葉は、自分にだけ使ってほしい。無駄遣いはしないでほしい。本当に好きになるのはあなた自身しかいない。愛を無条件に注ぐことで、あなたの愛が勝手に周囲にあふれます。それが周囲を幸福にする愛になります。

だから、皆さんに絶対に覚えておいてほしいのは、あなたの中にある宇宙の高次元の愛のベクトルは、自分から自分に向かうしかないということです。皆さんが勘違いしてきた、外から自分に向かうとか、自分から外へ向かうベクトルの愛は、実は存在しません。

月と太陽にしても、本来は、月は自分である月を愛すべきだったし、太陽は自分である太陽を愛すべきだったのです。それがちょっと間違って、自分でない姿、自分でない存在をやることになってしまったので、嫉妬心と怒り、罪悪感、後悔で生きざるを得なかった。そういったものをひっくり返すのは、本当に愛の姿を知っている存在です。

私は地球上では自分以外に興味がないので、冷たいやつだと思われるかもしれないし、理解不能とか、あんな先生、とんでもないとか、いろいろな見方をされていると思います。ただ、地球上で認められた存在は大したことないのです。

地球人類がこれから向かうべきは、地球人類の集合意識に理解されないエネルギーにならなければいけない。同調を求める必要はないのであって、皆さんの愛、皆さんの「好き」が、自分から自分へ100％向かうようになっていったときに、あなたは地球上で最も輝く存在になり、地球上で最高のあなたの光が宇宙に放たれる。宇宙があなたを全て称賛して、あなたを応援することになります。ドリカムの「SUKI」です。（曲を流す）

地球上にいると、人を愛したり、恋したり、そうされたりという人間ドラマがあります。地球では、「やさしいキスをして」（ドリカム）といったお遊びもします。（曲を流す）

ただ、本当にキスする存在は自分以外にはない。自分に対してキスをする。頑張ってきた、傷ついてきた、それでも生きてきた自分に、今こそ祝福を送り、ありのまま、そのままのあなたに、やさしいキスをしてあげてください。

私のスクールの最後の言葉になります。

この奄美大島に私と一緒に来てくれてありがとう。私は、この地球上でのダイアモンドのひとときを、皆さんとだからつくり出せた気がします。皆さんは、一人ひとりがバイオレットフレームの紫に包まれた最高、最強のダイアモンドとして、どんなことがあっても動じることなく、強く、優しく、本当の自分をうれしく、楽しく、大好きで生きるときがやってきました。ドリカム、「うれしい！　たのしい！　大好き！」。
（曲を流す）
皆さん、パーティーが待っています。このスクールの修了証を皆さんに差し上げます。皆さんを「LOVE LOVE LOVE」と、この部屋から送り出します。（曲を流す）
ありがとう。サンキュー、サンキュー、サンキュッ！（拍手）
（了）

Section
Ⅷ

ベガ星と
映画「コンタクト」

ドクタードルフィン
奄美からのムー再誕
ディナータイム
―スーパー合宿スクール・リトリート―
（2021年４月23日）

Chapter 45 奇跡に乾杯

まず最初のきょうのメニューは、映画「コンタクト」です。「コンタクト」の最後の名シーン、クライマックスをお見せします。我々が奇跡を本当につくり出したということを体感してもらいたい。

きょうの天気予報は一日中曇り。朝、雨が降っていた。まさか青空が出るなんて。月と太陽が出るなんて。彼らは待てなかったんだろうね。出てきちゃった。月があんなおしとやかに存在感を発揮しています。飛翔しています。太陽と同じになっちゃって、まさに奇跡です。

私たちがベガ星の聖地で、まさにラストシーンの場所で、ベガ星と交流する映画「コンタクト」のラストシーンを見るということは、すごいことです。

まず、乾杯しますよ。

どうやら我々23人全員が、ここにかかわる人たち全員がベガ星エネルギーに遭遇して、全員がバイオレットフレームに包まれて、全ての皆さんの今までのネガティブ、悲しさを新しいポジティブに、新しいあなたを生きるときが来ました。すごい奇跡です。

　この乾杯は、史上最高の奇跡の乾杯です。かんぱーい。

（参加者乾杯、拍手）

挨拶は「ベガ！」、ベガ、ベガ！　きょうは楽しいベガー！

Chapter 46 映画「コンタクト」の大事なシーンの解説

これは主人公のジョディ・フォスターと愛し合う彼氏とのシーンです。彼氏は本当はベガ星に行ってほしくないのです。帰ってこないと予期しているから。でも、彼は送り出すしかなかった。

二つ目というのは、一つ目が大失敗したんです。大爆発した。それは悪い裏切り者に阻止された。それを失敗させようと、いろいろ試みがあったんです。

今から行くんですよ。ベガ星の情報で、精密につくられた次元移動装置に乗り込むところです。

緊張の一瞬ですね。不安と希望が入りまじっている。

この機械がすごい。この当時つくられたものです。ここは実は北海道です。なぜか知らないけれども北海道に第2号をつくった。アメリカでは危ないからですね。日本人が後ろでサポートしているんですよ。ここに出てくる日本人は、ちょっとダサいんです。

この宇宙センターがすごいんです。アメリカの宇宙開発のプライドをかけているのね。

ベガ星へテレポートします。皆さん、ブラックホールを通るシーンを、よく体感してください。

今、緊急事態宣言が出ることが決定しました。この瞬間に私たちはベガ星を見ている。まさにこの違いは何か。

ブラックホールに入るときの振動数は、普通の世界を超えるから。光も超えるから。

これはすごいわ。もうブラックホールができちゃった。回転数がどんどん増していく。光を超えるから超高速になる。

完全に技術革新の超越的世界。

さあ、ブラックホールを味わいなさい。ここをよく描いた。

一旦、ある時空間に出た。目の前にベガ星が出ている。こと座の最高の星ベガ。その直前まで来たわけです。

ほら、ベガ星の真上に出た。

ヒヤッとするね。ほとんど無重力だから。ベガという星自体、重力がないから。この後、出てくるシーンはこのホテルの前の海のシーン。ベガ星人が、ベガ星の空間に地球の環境をつくって、重力をわざわざつくった。だから、浮いていない。異空間をつくり出した。次元を変えることができる。次元を変える能力は宇宙の最先端だ。

想像を超える世界だ。

ほら、前の海が出てきた。

完全につくり出した世界。ジョディ・フォスター演じる主人公の心を読んで、ベガ星人がつくり出した地球環境なのよ。まさにここでしょう。

感動のシーンが始まります。亡くなったお父さん、一番好きだったお父さん。

ワームホール、ブラックホールのことです。1秒以下。

ハデンという人物は、彼女の味方なんです。スポンサー。

ハデンは、その実験が可能だということを知っていて、多額の支援をしていた。宇宙船の中で死んじゃったんだけどね。

ボーイフレンドは、全米で有名なヒーローであり、記者だったのです。だから、彼氏には支持者がすごく多いのです。愛するものをここで守るのです。

ドクタードルフィンは、ここで黙っていられないんです。何度見ても心を打つ映画というものがあります。これはおそらくそういった類いの映画の一つで、トップクラスのものです。今、大事なところは全部見ました。あとは余韻みたいなものです。子どもたちには大事なことを教えています。

これで終了です。

Chapter 47 あなたしかわからない本当のリアルを守りなさい

私は、今改めて見て、あの映画からすごく感じたのは、自分以外の全ての存在があなたを認めなくても、失敗だと言い放っても、あなたにしかわからない本当のリアルな世界が存在するということです。世の中が認めなかろうと、あなたの周囲が誰ひとり認めなかろうと、あなたの体験こそがリアルであり、それこそがあなたの真実ということです。

これを見て思うのは、あなたの生きる真実というものです。真実であれば、単純であるものほど大事です。これこそ単純なのです。あなたが体験したのです。18時間、ビデオが動いていた。あなたにしかない、あなたの本当の真実は、誰も知らなくてもあなただけが知っている。

「信仰と科学は違うの」と言っていたけれども、いろんな立場の違う人間がいようとも、誰ひとり認めなくても、みんながあなたを笑おうとも、何十億年も前から我々地球人はすごく偉大な友達を持っています。ベガという星が我々をずっと見守ってきた。だから、あなたは孤独じゃないんだよ。あなたが本当に信じているもの、あなたが本当に大事にしているものを、あなたはずっと守りなさい。

きょう見せられた夕日は、まさに曇りの天気予報だったのに青空が出て、生まれ変わった太陽と月でベガの聖地を照らしてくれた。この23人の中には、自分が今やっていることにちょっと自信がなかったり、どこか迷いを持っていたり、躊躇していたりする人が絶対にいると思う。でも、きょう一番大切なことは、あなたの理解者はあなたしかいない。そのあなたを、たくさんの目に見えない存在たちが既に応援しているんだよ。

このラストのパーティーも、いいスタートを切りました。皆さんはこの映画を見て、いろんな感じ方をすると思うけれども、1秒以下であなたは本当にすごいことを体験できる。奇跡を起こせる。1秒以下であなたは世に真実を知らしめることができるのです。私が「一瞬一瞬を生きる」と言うのはこういう意味であって、まさに過去や未来を生きるのではなくて、ジョディ・フォスターがそうであったように、今の自分が信じる道、自分の魂が本当に燃える道をやっていくことで、あなたは必ず救われます。

ありがとう。（拍手）

Chapter 48
ショータイム

松久　いよいよショータイムが始まります。魂のショータイム。私が言ったように、世界を変えるには1秒も要らないの。地球を変えるのに、あなたの1秒も要らないの。爆発なの。最近、岡本太郎が私に舞い降りたんだけど、人生は魂の爆発なの。それを今から見せつけなさい。イエーィ！（拍手）

P（実は松久氏）　では、私はショータイムをポンポンと司会します。

私はドクタードルフィンのサポートをしているDRD事務局のリーダーであるPといいます。（拍手）皆さんに優しく、親しくしてもらって、ぷあ太郎とか、カッパ大魔王とか言われています。ムチャぶりするんですよ。私の中に眠っていたカッパ遺伝子を目覚めさせてくれたのも先生なんです。ありがとうございます。

私は、ドクタードルフィンに会ったときは、すごくガチっていました。今こんなふうに結構緩んでいると皆さんに言われるんですけど、すごくガチっていた。先生に最初ホームページをつくってくれと言われて、先生の診療所に飛んでいったのです。

先生と対面でお話ししているときに、先生がホームページをつくってくれと言うから、私は思わず言っちゃったんです。「つくるのはいいですけど、うちは高いですよ」。(笑)あの言葉は一生忘れません。私、本音を言っちゃったんです。だって、私はすごく能力があると自信を持っていたからね。おカネが大事と、先生におカネの話をいっぱいしちゃったんです。

ある日、アイスコーヒーを飲んで待っていたら、「おー、Pさん」と先生が現れました。そこで、おカネの話ばかりしたのです。「先生、このぐらいかかっちゃうんですよ。先生のためですから」と言ったら、先生が怒って帰っちゃったんです。

今だから言いますけど、あのときは、ちょっとこの野郎と思いました。(笑)でも、ガチっていたガチ太郎をぷあ太郎にしてくれたのは先生なんです。すごく感謝しているんです。先生、ありがとうございます。

先生が、みんなの前で面白いことを言えとムチャぶりするので、一生懸命にやってきたんですけど、全然面白くないと言うんですよ。誰も笑ってくれなくて、そんな日々が何日も続きました。でも、あるとき、何かがはまって、笑ってくれたんです。

それで私は癖になっちゃって、人を楽しませる能力がどんどん開花しました。先生のおかげです。先生と出会って、私、本当によかったと思っています。これからもよろしくお願いします。（拍手）

松久　次はだあれ？　ここでやらないとベガから嫌われるわよ。こういうとき元気なのが救われるのよ。何でも好きなことをやって。あなたが楽しければ、私たちは楽しいの。

（参加者が次々と余興を披露）

（了）

88次元 Fa-A
ドクタードルフィン 松久 正

医師(慶応義塾大学医学部卒)、米国公認Doctor of Chiropractic (米国Palmer College of Chiropractic卒)。
鎌倉ドクタードルフィン診療所院長。

超次元・超時空間松果体覚醒医学 (SD-PAM)／超次元・超時空間DNAオペレーション医学 (SD-DOM) 創始者。

神や宇宙存在を超越する次元エネルギーを有し、予言された救世主として、人類と地球を次元上昇させ、弥勒の世を実現させる。

著書多数。

ドクタードルフィン公式ホームページ　https://drdolphin.jp

奄美からのムー再誕

第一刷　2021年11月30日

著者　松久 正

発行人　石井健資

発行所　株式会社ヒカルランド
〒162-0821 東京都新宿区津久戸町3-11 TH1ビル6F
電話 03-6265-0852 ファックス 03-6265-0853
http://www.hikaruland.co.jp info@hikaruland.co.jp

振替　00180-8-496587

本文・カバー・製本　中央精版印刷株式会社

DTP　株式会社キャップス

編集担当　高島敏子

ISBN978-4-86742-016-4

も効果的とは言えません。また、珪素には他の栄養素の吸収を助け、必要とする各組織に運ぶ役割もあります。そこで開発元では、珪素と一緒に配合するものは何がよいか、その配合率はどれくらいがよいかを追求し、珪素の特長を最大限に引き出す配合を実現。また、健康被害が懸念される添加物は一切使用しない、珪素の原料も安全性をクリアしたものを使うなど、消費者のことを考えた開発を志しています。

手軽に使える液体タイプ、必須栄養素をバランスよく摂れる錠剤タイプ、さらに珪素を使ったお肌に優しいクリームまで、用途にあわせて選べます。

◎ドクタードルフィン先生一押しはコレ！　便利な水溶性珪素「レクステラ」

天然の水晶から抽出された濃縮溶液でドクタードルフィン先生も一番のオススメです。水晶を飲むの？　安全なの？　と思われる方もご安心を。「レクステラ」は水に完全に溶解した状態（アモルファス化）の珪素ですから、体内に石が蓄積するようなことはありません。この水溶性の珪素は、釘を入れても錆びず、油に注ぐと混ざるなど、目に見える実験で珪素の特長がよくわかります。そして、何より使い勝手がよく、あらゆる方法で珪素を摂ることができるのが嬉しい！　いろいろ試しながら珪素のチカラをご体感いただけます。

レクステラ（水溶性珪素）
■ 500mℓ　21,600円（税込）

●原材料：水溶性珪素濃縮溶液（国産）
●使用目安：１日あたり４～16mℓ

飲みものに
・コーヒー、ジュース、お酒などに10～20滴添加。アルカリ性に近くなり身体にやさしくなります。お酒に入れれば、翌朝スッキリ！

食べものに
・ラーメン、味噌汁、ご飯ものなどにワンプッシュ。

料理に
・ボールに１リットルあたり20～30滴入れてつけると洗浄効果が。
・調理の際に入れれば素材の味が引き立ち美味しく変化。
・お米を研ぐときに、20～30滴入れて洗ったり、炊飯時にもワンプッシュ。
・ペットの飲み水や、えさにも５～10滴。（ペットの体重により、調節してください）

【お問い合わせ先】ヒカルランドパーク

＊ご案内の価格、その他情報は発行日時点のものとなります。

ドクタードルフィン先生も太鼓判！
生命維持に必要不可欠な珪素を効率的・安全に補給

◎珪素は人間の健康・美容に必須の自然元素

珪素（イメージ）

地球上でもっとも多く存在している元素は酸素ですが、その次に多いのが珪素だということはあまり知られていません。藻類の一種である珪素は、シリコンとも呼ばれ、自然界に存在する非金属の元素です。長い年月をかけながら海底や湖底・土壌につもり、純度の高い珪素の化石は透明な水晶になります。また、珪素には土壌や鉱物に結晶化した状態で存在している水晶のような鉱物由来のものと、籾殻のように微生物や植物酵素によって非結晶になった状態で存在している植物由来の２種類に分けられます。
そんな珪素が今健康・美容業界で注目を集めています。もともと地球上に多く存在することからも、生物にとって重要なことは推測できますが、心臓や肝臓、肺といった「臓器」、血管や神経、リンパといった「器官」、さらに、皮膚や髪、爪など、人体が構成される段階で欠かせない第14番目の自然元素として、体と心が必要とする唯一無比の役割を果たしています。
珪素は人間の体内にも存在しますが、近年は食生活や生活習慣の変化などによって珪素不足の人が増え続け、日本人のほぼ全員が珪素不足に陥っているとの調査報告もあります。また、珪素は加齢とともに減少していきます。体内の珪素が欠乏すると、偏頭痛、肩こり、肌荒れ、抜け毛、骨の劣化、血管に脂肪がつきやすくなるなど、様々な不調や老化の原因になります。しかし、食品に含まれる珪素の量はごくわずか。食事で十分な量の珪素を補うことはとても困難です。そこで、健康を維持し若々しく充実した人生を送るためにも、珪素をいかに効率的に摂っていくかが求められてきます。

こんなに期待できる！ 珪素のチカラ

●健康サポート ●ダイエット補助（脂肪分解） ●お悩み肌の方に
●ミトコンドリアの活性化 ●静菌作用 ●デトックス効果
●消炎性／抗酸化 ●細胞の賦活性 ●腸内の活性 ●ミネラル補給
●叡智の供給源・松果体の活性 ●免疫の司令塔・胸腺の活性 ●再生作用

◎安全・効果的・高品質！ 珪素補給に最適な「レクステラ」シリーズ

珪素を安全かつ効率的に補給できるよう研究に研究を重ね、たゆまない品質向上への取り組みによって製品化された「レクステラ」シリーズは、ドクタードルフィン先生もお気に入りの、オススメのブランドです。

珪素は体に重要ではありますが、体内の主要成分ではなく、珪素だけを多量に摂って

「ドクターレックス プレミアム」、「レクステラ プレミアムセブン」、どちらも毎日お召し上がりいただくことをおすすめしますが、毎日の併用が難しいという場合は「ドクターレックス プレミアム」を基本としてお使いいただくことで、体の基礎を整えるための栄養素をバランスよく補うことができます。「レクステラ プレミアムセブン」は、どんよりとした日やここぞというときに、スポット的にお使いいただくのがおすすめです。

また、どちらか一方を選ぶ場合、栄養バランスを重視する方は「ドクターレックス プレミアム」、全体的な健康と基礎サポートを目指す方は「レクステラ プレミアムセブン」という使い方がおすすめです。

◎すこやかな皮膚を保つために最適な珪素クリーム

皮膚の形成に欠かせない必須ミネラルの一つである珪素は、すこやかな皮膚を保つために欠かせません。「レクステラ クリーム」は、全身に使える天然ミネラルクリームです。珪素はもちろん、数百キロの原料を精製・濃縮し、最終的にはわずか数キロしか取れない貴重な天然ミネラルを配合しています。合成着色料や香料などは使用せずに、原料から製造まで一貫して日本国内にこだわっています。濃縮されたクリームですので、そのまま塗布しても構いませんが、小豆大のクリームを手のひらに取り、精製水や化粧水と混ぜて乳液状にしてお使いいただくのもおすすめです。お肌のコンディションを選ばずに、老若男女どなたにも安心してお使いいただけます。

レクステラ クリーム
■ 50g　12,573円（税込）

●主な成分：水溶性珪素、岩石抽出物（高濃度ミネラル）、スクワラン、金、銀、ヒアルロン酸、プロポリス、アロエベラ、ミツロウ、αグルカン、アルニカ花エキス、カンゾウ根エキス、シロキクラゲ多糖体、アルギニン、ほか
●使用目安：2～3か月（フェイシャルケア）、約1か月（全身ケア）

＊ご案内の価格、その他情報は発行日時点のものとなります。

◎植物性珪素と17種類の必須栄養素をバランスよく摂取

基準値量をクリアした、消費者庁が定める17種類の必須栄養素を含む、厳選された22の成分を配合したオールインワン・バランス栄養機能食品。体にはバランスのとれた食事が必要です。しかし、あらゆる栄養を同時に摂ろうとすれば、莫大な食費と手間がかかってしまうのも事実。医師監修のもと開発された「ドクターレックス プレミアム」なら、バランスのよい栄養補給ができ、健康の基礎をサポートします。

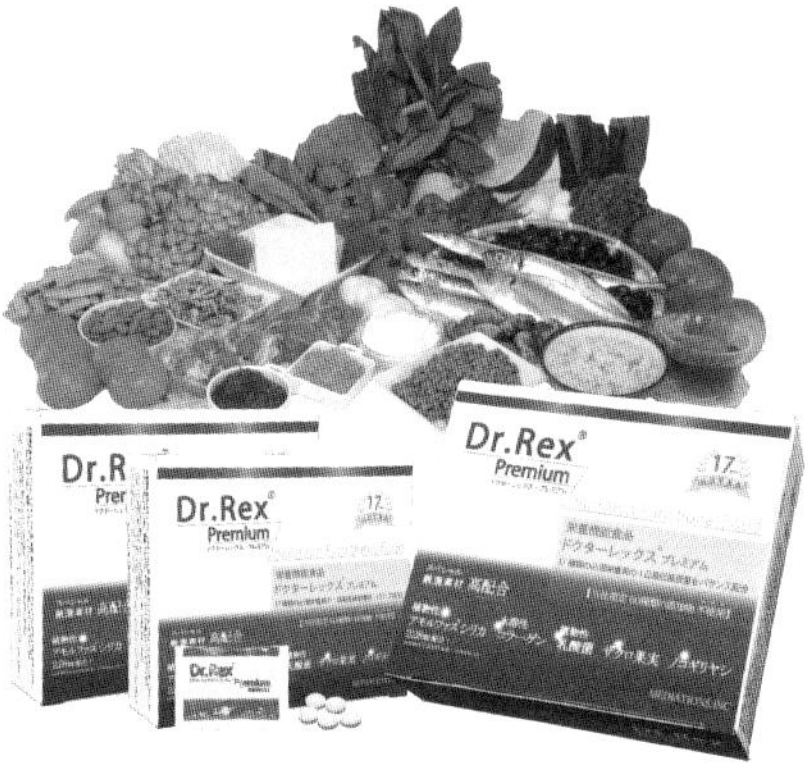

ドクターレックス プレミアム

■５粒×30包　8,640円（税込）

●原材料：フィッシュコラーゲンペプチド（国内製造)、デキストリン、もみ殻珪素パウダー、ザクロ果実エキス、ノコギリヤシエキス、植物性乳酸菌（殺菌)、ほか

●使用目安：１日あたり２包（栄養機能食品として）

◎珪素をはじめとする厳選した７成分で打ち勝つ力を強力サポート！

人体の臓器・器官を構成する「珪素」を手軽に補える錠剤タイプの「レクステラ プレミアムセブン」。高配合の植物性珪素を主体に、長年の本格研究によって数々の研究成果が発表された姫マツタケ、霊芝、フコイダン、β－グルカン、プロポリス、乳酸菌を贅沢に配合。相乗効果を期待した黄金比率が、あなたの健康を強力にサポートします。

レクステラ プレミアムセブン

■180粒　21,600円（税込）

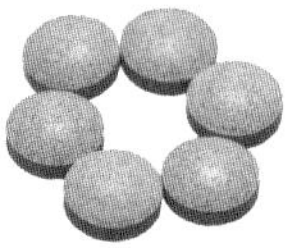

●原材料：もみ殻珪素パウダー（国産)、姫マツタケ（子実体細胞壁破壊粉末、菌糸体エキス)、霊芝細胞壁破壊末、デキストリン、モズク抽出エキス、ライススターチ、パン酵母抽出物、プロポリスエキス、乳酸菌 KT-11（殺菌)、ほか

●使用目安：１日６粒～

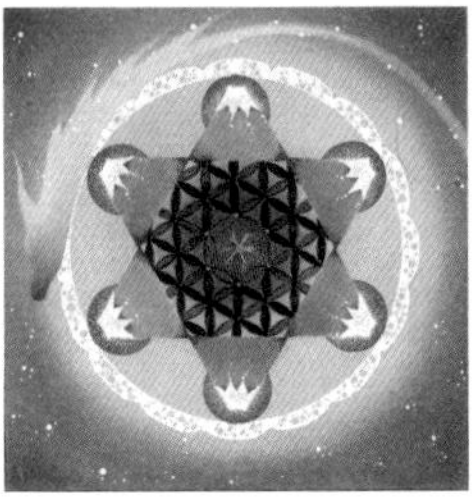

ヒカルランド　好評既刊!

地上の星☆ヒカルランド　銀河より届く愛と叡智の宅配便

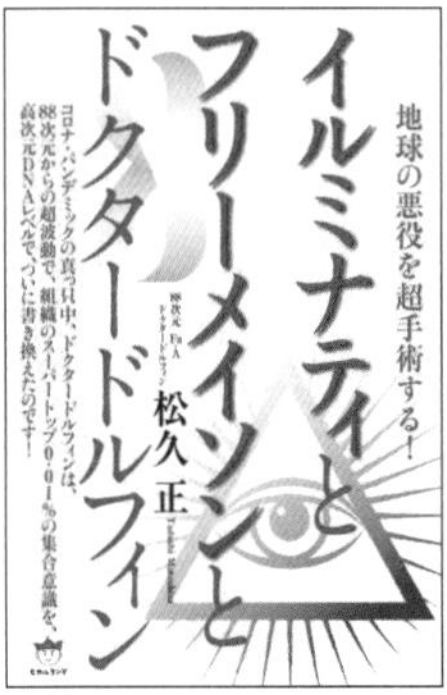

地球の悪役を超手術する!
イルミナティとフリーメイソンとドクタードルフィン
著者:88次元 Fa-A ドクタードルフィン 松久 正
四六ハード　本体 1,800円+税

ウィルスの愛と人類の進化
著者:88次元 Fa-A ドクタードルフィン 松久 正
四六ハード　本体 1,600円+税

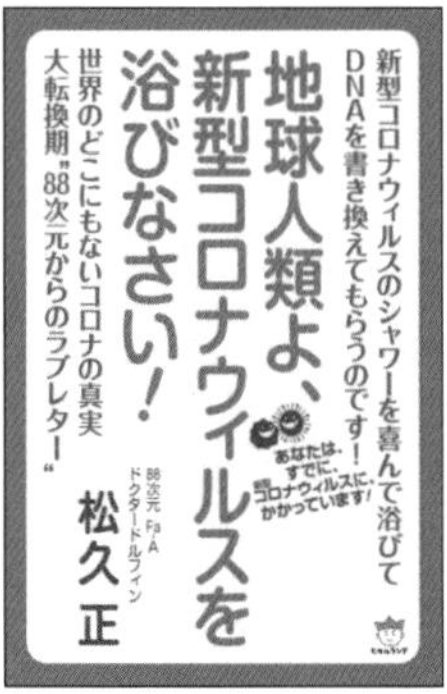

地球人類よ、新型コロナウィルスを浴びなさい!
著者:88次元 Fa-A ドクタードルフィン 松久 正
四六ハード　本体 1,800円+税

高次元語《かた》り部《べ》　ドクタードルフィンの【遠野物語】
ベールを脱いだカッパ、座敷わらし、おしらさま
著者:88次元 Fa-A ドクタードルフィン 松久 正
四六ハード　本体 1,800円+税

悩みも病気もないDNA
宇宙人になる方法
著者:88次元 Fa-A ドクタードルフィン 松久 正
四六ハード　本体 1,800円+税

四国を死国から甦らせよ!
空海・龍馬とユダ、復活させたり
アルクトゥルスのダイヤモンドエネルギー
著者:88次元 Fa-A ドクタードルフィン 松久 正
四六ハード　本体 2,000円+税

ヒカルランド　好評既刊！

地上の星☆ヒカルランド　銀河より届く愛と叡智の宅配便

ステラ・スーパーアセンション
ドクタードルフィンによる大宇宙・星社会の書き換え
著者：88次元 Fa-A ドクタードルフィン
松久 正
四六ハード　本体 1,800円+税

みろくスクール
著者：88次元 Fa-A ドクタードルフィン
松久 正
四六ハード　本体 1,800円+税